GUITARRA**ROCK**
CAGED

O Sistema CAGED e 100 Licks para Guitarra Rock

JOSEPH**ALEXANDER**

FUNDAMENTAL**CHANGES**

Guitarra Rock CAGED

O Sistema CAGED e 100 Licks para Guitarra Rock

Publicado por **www.fundamental-changes.com**

ISBN: 978-1911267379

www.fundamental-changes.com

Para Amanda

Todas as backing tracks que acompanham este livro foram criadas pelo ótimo **Quist.**

Dê uma olhada em seu trabalho!

Índice

Prefácio

Obrigado por tomar a decisão de comprar este livro. Este é o sexto livro didático completo que eu escrevo, e a julgar pelas opiniões e avaliações que tenho recebido, as pessoas parecem estar gostando deles. Eu não consigo descrever o quão incrível é a sensação de ser capaz de ajudar as pessoas a aprenderem a tocar guitarra dessa forma. Música e educação têm sido a minha paixão pelos últimos 20 anos. Eu ainda dou aulas particulares, mas saber que, de certa forma, eu estou ajudando tantas pessoas a aprender a tocar guitarra é muito especial. Até hoje, mais de 10.000 livros foram vendidos, o que é um número incrível. Eu tenho mais alguns em mente e prometo sempre mantê-los originais, compreensíveis e benéficos à sua técnica na guitarra.

Por que outro livro sobre o Sistema CAGED?

É uma boa pergunta! O meu primeiro livro sobre o "CAGED" tem aparecido com frequência no top 10 dos livros de guitarra no Amazon.com. Ele ainda está no top 5 dos livros de blues, 8 meses após seu lançamento.

Entretanto, eu sinto que há espaço para aplicar esse sistema ao aprendizado do rock na guitarra. Enquanto o primeiro livro focou em desenvolver uma fundação sólida no blues, este livro levará o conceito CAGED a outro nível. Apesar de existirem algumas similitudes quanto à *estrutura* do livro, o material em si é completamente inédito, escrito especificamente para aumentar a sua visão do braço da guitarra como um guitarrista de rock - e, claro, os 100 licks que eu incluí são *inteiramente novos*. Cada lick irá ensiná-lo alguma coisa sobre o desenho de escala que você estará utilizando para solar. Algumas frases são simples, algumas são um pouco mais difíceis e algumas beiram a "fritação". De qualquer forma, todas elas irão realçar uma parte diferente de cada desenho de escala. Não se sinta obrigado a tocar cada frase *exatamente* como está escrito - tente enxergar o conceito por trás de cada lick, e incorpore-o à sua técnica.

O rock é um gênero bastante amplo...

Eu concordo totalmente. Todos nós somos produtos do que nós ouvimos. Para mim, o rock é tudo aquilo entre Led Zeppelin a Jimi Hendrix, passando pelos Rolling Stones, Van Halen, Jeff Beck, Metallica e centenas de outros grandes músicos. Eu não posso dizer que esses 100 licks são "anos 70" ou "anos 80", porque isso depende muito mais de vários detalhes de estilo: som, proficiência, gosto, velocidade, timbre, vibrato, ritmo, contexto e inúmeros outros fatores. A Escala Blues nas mãos de Joe Satriani soará de uma forma completamente diferente do que se estivesse nas mãos de Frank Zappa, por exemplo.

Por isso, eu o aconselho a estudar as frases deste livro e absorver a sua essência; pode ser um padrão, uma onda, uma série de bends e slides ou uma nota alvo. Independente do que seja, tente incorporar o *conceito* à sua execução. Então, em qualquer estilo que você escolha tocar, você sempre será capaz de cavar mais fundo para encontrar as ferramentas que você precisa para se expressar clara e criativamente.

Não se esqueça: *o objetivo deste livro é ensiná-lo o braço da sua guitarra.* Os exercícios realmente servem para abrir o braço da guitarra. Eu aprendi esses exercícios no The Guitar Institute e os ensino a todos os meus alunos, com excelentes resultados. Eles podem ser um pouco difíceis no começo, mas o esforço compensará. Eu prometo!

Boa Sorte!

Joseph

Obtenha os Áudios

Os arquivos de áudio deste livro estão disponíveis para download gratuito em **www.fundamental-changes. com.** Você encontrará o link no canto superior direito da página. Basta selecionar o título do livro a partir do menu suspenso e seguir as instruções para receber os áudios.

Nós recomendamos que você faça o download dos arquivos direto para o seu computador (e não para um tablet), e extraia os arquivos no PC antes de adicioná-los à sua biblioteca de mídia. Assim você poderá colocá-los no seu tablet, iPod ou gravá-los em um CD. Também há um arquivo de ajuda em PDF na página de download, e nós também garantimos suporte técnico através do formulário para contato.

Kindle / eReaders

Para aproveitar este livro ao máximo, lembre-se de que você pode dar dois cliques em qualquer imagem para aumentá-la. Desabilite a "visualização por colunas" e segure o seu Kindle no modo paisagem.

Introdução

O maior desafio que a maioria dos guitarristas enfrenta é abrir por completo o braço da guitarra. O objetivo é ser capaz de tocar qualquer coisa que venha à mente, em qualquer lugar que você esteja na guitarra, ao invés de ficar preso aos mesmos licks de sempre, na mesma posição.

A primeira escala que muitos de nós aprendemos é a escala Pentatônica Menor, em sua primeira posição. Isso não é ruim, pois ela tem um som fantástico, é fácil de lembrar e dá acesso aos principais licks que queremos tocar/ouvir. Infelizmente, para muitos guitarristas esse é o ponto final de seus estudos. Muito rapidamente nossos solos se tornam chatos e previsíveis, nós sempre procuramos o mesmo desenho e tocamos as mesmas frases.

Na verdade, há 5 desenhos diferentes da mesma escala pentatônica menor que se espalham por todo o braço da guitarra. Apesar de eles conterem as mesmas notas, essas notas não estão, necessariamente, nas mesmas *alturas,* e cada desenho individual garante frases e nuances diferentes ao seu som. O simples fato de que nossos dedos estão usando desenhos diferentes na guitarra nos leva a tocar solos novos e excitantes.

Outra coisa a se considerar é que se você estiver, por exemplo, no tom de Lá, e você correr imediatamente para o desenho da pentatônica na 5ª casa, você estará limitando, imediatamente, as possibilidades da primeira frase do seu solo. Você consegue tocar *instantaneamente* no tom de Lá, em *qualquer posição* no braço da guitarra, sem pensar? Que tal tocar *instantaneamente, em qualquer lugar* da guitarra, em Sol Sustenido?

Muitas vezes, no rock, podem ocorrer mudanças repentinas de tom. Se você está tocando no tom de Sol e precisa mudar para Dó Sustenido, você sai direto da 3ª casa (Pentatônica Menor de Sol) para tocar uma ideia semelhante na 9ª casa? Não seria melhor se você não fosse obrigado a "pular"?

Para desenvolver uma completa liberdade melódica na guitarra, você precisa ser capaz de tocar as notas de qualquer escala em qualquer lugar que quiser. É isso que este livro vai te ensinar. Não apenas para a Escala Blues, mas também para os modos Eólico, Mixolídio e Lídio, que são as escalas mais utilizadas no rock.

O Sistema CAGED é a resposta para as perguntas acima. Trata-se de um método bastante simples que guitarristas utilizam para "tirar" todas as escalas e frases a partir de um desenho de acorde em particular. Se nós temos um acorde instantaneamente reconhecível, nós podemos usá-lo para visualizar e tocar todo o vocabulário melódico e de escalas que nós sabemos - em qualquer tom e em qualquer área da guitarra. É um jeito excelente e muito fácil de organizar os nossos pensamentos musicais.

Apesar de conter exercícios extremamente úteis e rápidos para aumentar a sua visão da guitarra, este livro não se trata apenas sobre tocar escalas em diferentes tons. Cada modo será ensinado junto de 25 licks únicos (5 para cada desenho de escala), e você aprenderá a usá-los livremente. Você não apenas melhorará dramaticamente a sua capacidade de improvisar melodias espontaneamente, mas você também terá um vasto e útil leque de frases de rock. Você nunca ficará sem algo para tocar.

Esteja você à procura de "destravar" o braço da guitarra e assumir o controle do que e onde você toca, ou esteja você à procura de 100 licks de rock para guitarra, este livro tem as ferramentas que você precisa para fazer um ótimo barulho!

O Que é o Sistema CAGED?

Eu fui apresentado ao Sistema CAGED no London's Guitar Institute, em 2001. A partir daquele momento, sua estrutura simples e descomplicada, de divisão do braço da guitarra em desenhos óbvios e memorizáveis, revolucionou toda a minha abordagem à guitarra.

A guitarra possui um layout incomum; ela não é linear como um teclado. Na guitarra, nós conseguimos tocar exatamente a mesma altura em lugares diferentes, seja *subindo* pela escala ou se movendo *através* das cordas. Já no teclado, há apenas um jeito de tocar cada altura.

Por essa razão, nós somos agraciados com diversos desafios. Um deles é decidir *onde* iremos tocar uma nota em particular; outro é *como* visualizar as nossas escalas em diferentes posições.

O Sistema CAGED é um jeito extremamente poderoso de organizar o nosso raciocínio quando tocamos guitarra. É um jeito imediato e preciso de visualizar cada posição de escala em retorno de um determinado desenho de acorde. Ao vermos as coisas dessa forma, nós temos um ponto de referência instantâneo do qual podemos "tirar" os nossos licks.

O Sistema CAGED divide o braço da guitarra em 5 partes individuais, e atribui um desenho de acorde a cada uma dessas partes. Os 5 desenhos de acordes sempre são baseados ao redor das posições abertas dos acordes Dó, Lá, Sol, Mi e Ré. Se nós estivermos tocando um modo maior, visualizaremos acordes maiores; se estiver tocando um modo menor, visualizaremos acordes menores (i.e., Cm, Am, Gm, Em e Dm).

Por exemplo, você já deve ser capaz de reconhecer a posição aberta do acorde Em:

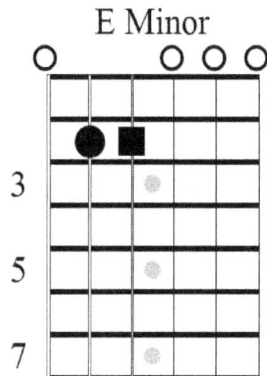

E Minor

Nós podemos tocar esse acorde com uma pestana, da seguinte maneira (e, nesse caso, no tom de Am):

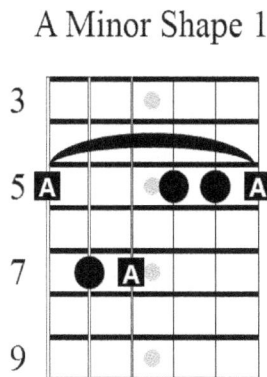

A Minor Shape 1

Como essa pestana é móvel, nós criamos uma âncora consistente, ao redor da qual podemos aprender e visualizar o desenho da escala. Por exemplo, veja o desenho a seguir, da escala de Lá Eólico:

A Aeolian Shape 1

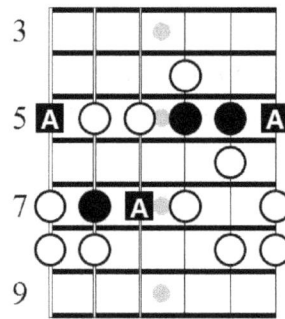

Você pode ver que as notas da escala Eólica (os círculos brancos) são construídas ao redor do desenho de Em com pestana (os pontos pretos).

O diagrama acima mostra a escala de Lá Eólico na nota "Lá", uma vez que o acorde de pestana foi posicionado na 5ª casa. Ao aprender cada desenho de escala ao redor de uma voz única de acorde, quando chegar a hora de tocar em um novo tom, ou em uma área estranha da guitarra, nós simplesmente visualizaremos o desenho de acorde que precisamos para enxergar, instantaneamente, o desenho de escala construído ao seu redor.

Leva algum tempo para você conseguir visualizar qualquer escala dessa forma, então a maioria dos exercícios deste livro é orientada para ensiná-lo justamente isso.

Como eu mencionei anteriormente, há 5 formas móveis de acordes que nós precisamos aprender. A primeira escala que estudaremos é a Escala Blues. Ela é uma escala do tipo *menor*, então vamos aprender 5 formas móveis de acordes menores, no tom de Lá.

A Minor Shape 1   A Minor Shape 2   A Minor Shape 3   A Minor Shape 4

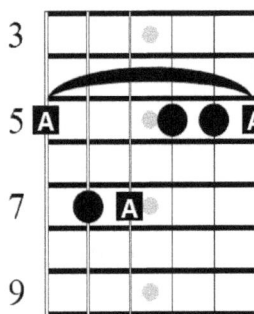

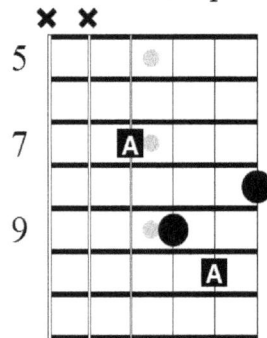

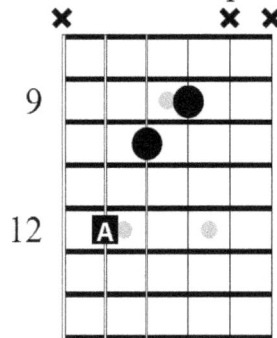

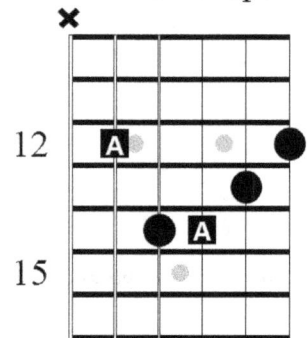

A Minor Shape 5

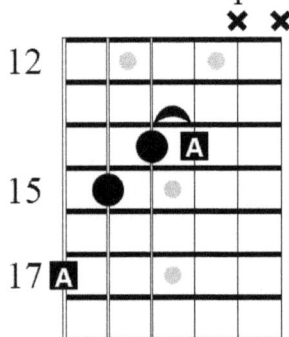

Como você pode ver, eu parei de me referir a esses desenhos como "Dó" ou "Lá". Eles são, simplesmente, desenhos 1 a 5. Se estiver interessado, embora não seja realmente importante,

O Desenho 1 é o de Mi

O Desenho 2 é o de Ré

O Desenho 3 é o de Dó

O Desenho 4 é o de Lá

O Desenho 5 é o de Sol

Cada desenho é uma vocalização diferente do *mesmo* acorde Am. Observe como todos são tocados em uma área diferente da guitarra.

O Desenho 1 é tocado na área entre as casas 5 e 8 (tônica na 6ª corda).

O Desenho 2 é tocado na área entre as casas 7 e 10 (tônica na 4ª corda).

O Desenho 3 é tocado na área entre as casas 9 e 12 (tônica na 5ª corda).

O Desenho 4 é tocado na área entre as casas 12 e 15 (tônica na 5ª corda) e

O Desenho 5 é tocado na área entre as casas 14 e 17 ou 2 e 5 (tônica na 6ª corda).

É muito importante que você entenda que todos esses desenhos são o mesmo acorde Am, tocado em diferentes lugares do braço da guitarra.

Você precisará passar algum tempo memorizando esses desenhos. Estude a *figura e exemplo de áudio 1a*.

Tente trocar de desenhos com clareza, usando um metrônomo a 60 bpm. Isso irá ajudá-lo a visualizar os desenhos dos acordes no braço da guitarra. Quando estiver confiante, tente a *figura e exemplo de áudio 1b.*

Ao "pular" os acordes dessa forma, você aprenderá a visualizar os desenhos com muito mais clareza.

Quando você começar a pegar confiança nesses desenhos, é hora de seguir em frente e aprender a "tirar" uma escala a partir de cada acorde.

A escala usada com mais frequência no rock é a Pentatônica Menor / Blues. Como eu já falei bastante sobre a escala pentatônica menor no meu livro *O Sistema CAGED e 100 Licks de Guitarra Blues*, nós começaremos com a Escala Blues.

Como eu disse na introdução, a maioria dos guitarristas acaba caindo em uma rotina porque dependem muito da 1ª posição (Desenho 1) da Escala Blues em Lá:

A Blues Scale Shape 1

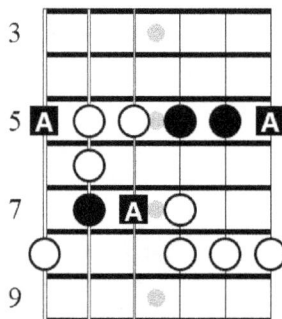

(Observe como a escala é construída ao redor do desenho 1 de acorde menor)

Os pontos pretos são as notas do acorde.

Os pontos brancos são as notas da escala.

Os quadrados são as notas tônicas do desenho.

Entretanto a mesma Escala Blues de Lá pode ser tocada ao redor de quaisquer dos 5 desenhos que estudamos anteriormente.

Estes são os 5 desenhos CAGED de acordes menores, próximos aos seus respectivos desenhos de escala. Você deve ver com facilidade como cada desenho de escala é construído ao redor de cada acorde âncora:

A Minor Shape 1   A Blues Scale Shape 1

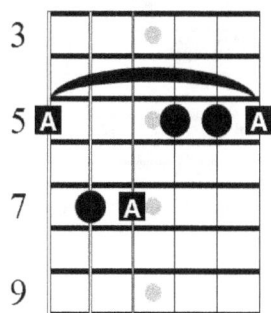

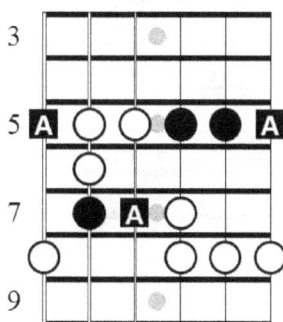

A Minor Shape 2   A Blues Scale Shape 2

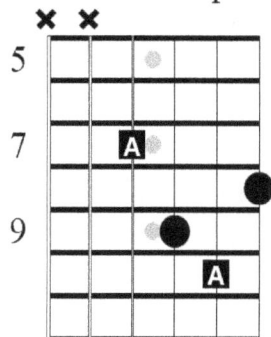

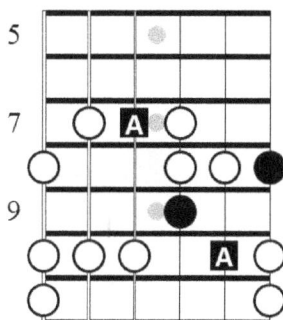

A Minor Shape 3   A Blues Scale Shape 3

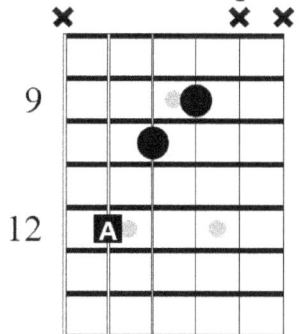

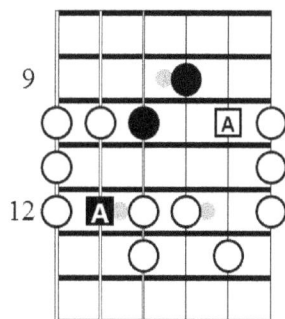

A Minor Shape 4

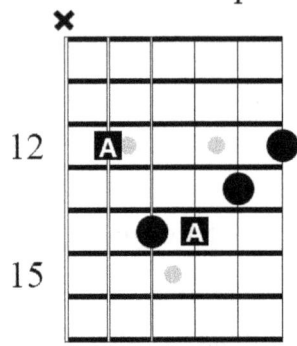

A Blues Scale Shape 4

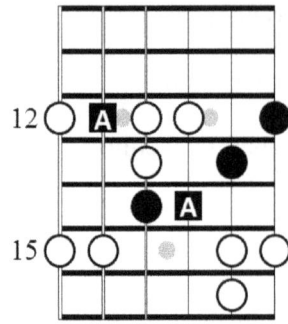

A Minor Shape 5

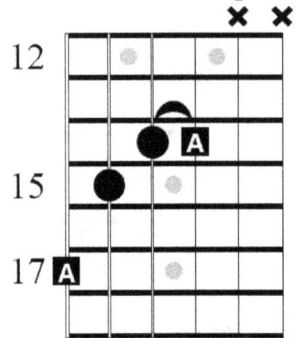

A Blues Scale Shape 5

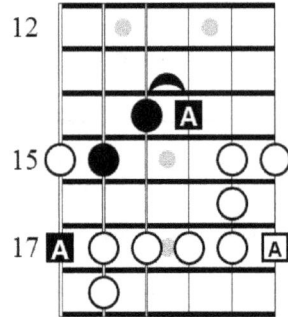

O Sistema CAGED com a Escala Blues

Vamos começar fixando as relações entre acordes e escalas em cada posição da Escala Blues em Lá. Começando pelo desenho 1, que você já deve conhecer, ouça e toque o exercício a seguir. Quando você tocar o acorde Am, diga em voz alta "Pentatônica Menor de Lá". Esse é um passo muito importante para conectar o acorde e a escala em sua mente.

Figura e exemplo de áudio 3a.

Desenho 1

A Blues Scale Shape 1

A Minor Blues Scale Shape 1

Toque e diga o nome do acorde/escala; toque a escala; toque e diga o nome do acorde de novo. Isso reforça bastante o "link" visual entre o acorde e o desenho da escala que você estiver tocando.

Agora repita esse processo com os outros 4 desenhos de acordes e escalas relacionadas:

Figura e exemplo de áudio 3b.

Desenho 2

A Blues Scale Shape 2

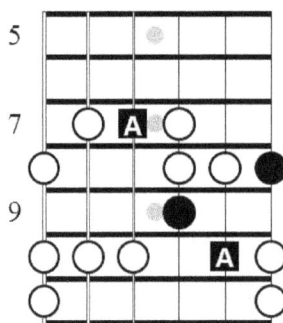

A Minor Blues Scale Shape 2

Figura e exemplo de áudio 3c.

Desenho 3

A Blues Scale Shape 3

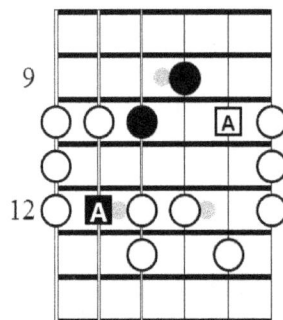

A Minor Blues Shape 3

Figura e exemplo de áudio 3d.

Desenho 4

A Blues Scale Shape 4

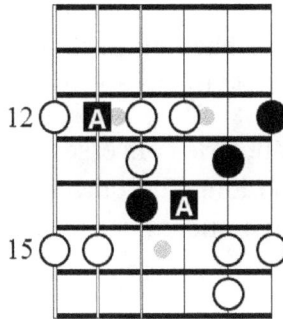

A Minor Blues Shape 4

Figura e exemplo de áudio 3e.

Desenho 5

A Blues Scale Shape 5

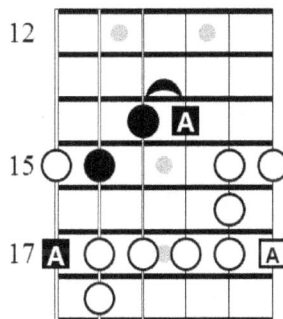

A Minor Blues Shape 5

Quando você estiver tocando esses desenhos, é importante perceber que você não estará necessariamente começando na nota *tônica* (Lá) da escala; você estará, simplesmente, começando a partir da nota mais *baixa* de cada posição.

Aprender esses 5 desenhos de escala em torno dos acordes correspondentes é um dos passos mais importantes deste livro. O tempo investido aqui trará grandes benefícios no futuro, então trabalhe com afinco para pegar o jeito. Pode ser que você prefira trabalhar cada desenho de escala isoladamente, ou tocar cada desenho sobre uma *backing track* em Lá Menor (tente a backing track 9) para se acostumar com as digitações, etc. De qualquer forma, logo nós estudaremos formas de usar essas escalas de uma forma criativa.

Por fim, antes de começar a construir um vocabulário com esses 5 desenhos, é extremamente útil aprender como cada um dos desenhos CAGED se conecta ao longo do braço da guitarra. Aprenda este exercício ascendente para ver como os desenhos se juntam como um quebra-cabeça no braço da guitarra.

Figura e exemplo de áudio 3f.

A Minor Blues Scale Ascending The Neck

Vá devagar com esse! Há algumas digitações desafiadoras conforme você for deslizando pelas posições.

Para resumir todo o conceito do Sistema CAGED:

Nós dividimos o braço da guitarra em 5 áreas diferentes, baseadas em desenhos abertos de acordes.

Nós memorizamos cada desenho de escala ao redor de cada um desses desenhos de acordes.

Ao visualizar o desenho do acorde no braço da guitarra, nós conseguimos tocar a escala com precisão.

Ao transpor os desenhos de acordes, nós conseguimos tocar em qualquer posição. (Ainda há *muito* mais coisas sobre esse conceito!).

Por ora, nós iremos nos concentrar em desenvolver um vocabulário útil de licks, utilizando cada um dos 5 desenhos de escala que você aprendeu ao longo desse capítulo.

Licks de Rock na Escala Blues em 5 Posições

Nós desenvolvemos uma percepção das 5 posições da Escala Blues de Am; porém, a música não se resume a simplesmente sair tocando escalas. Nós precisamos aprender esse idioma da mesma forma que aprendemos a falar ouvindo as pessoas ao nosso redor quando éramos bebês. O melhor jeito de fazer isso é, simplesmente, copiar as "palavras" daqueles que vieram antes de nós.

As páginas a seguir contêm 25 licks de rock usando a Escala Blues, sendo 5 licks para cada uma das posições aprendidas. Cada lick foi escrito especialmente para este livro, e é acompanhado por um arquivo de áudio de exemplo.

As diferentes posições de uma escala nos trazem digitações, padrões e desenhos únicos, que nós podemos utilizar para criar sons sutilmente diferentes com a mesma sequência de notas. Eu tentei escrever cada frase de forma a destacar os recursos mais fortes e úteis de cada posição em particular.

Para aprender essas frases, primeiro toque-as lentamente, para perceber como elas se relacionam com o desenho da escala. Se algo soar desnecessariamente difícil ou artificial, mude! Inclusive, pode ser que você prefira começar ouvindo os arquivos de áudio, para só então escolher a frase que você mais gostou e tocá-la usando o desenho que preferir.

Assim que você estiver confortável em tocar o lick, comece a acelerá-lo com o auxílio de um metrônomo ou de uma bateria eletrônica, até que você consiga tocá-lo sobre a backing track 9 ou 12.

Ao invés de aprender 5 licks em um desenho, comece aprendendo um lick de cada desenho. Pratique tocando um lick de cada vez sobre a backing track. Se você *visualizar* como cada lick se relaciona *relativamente* ao acorde âncora, você conseguirá fazer isso com muito mais rapidez.

Toque primeiro o acorde âncora, para *então* tocar o lick. Isso irá ajudá-lo a desenvolver a sua visão do braço da guitarra. Mais tarde, quando você estiver tocando essas ideias em outros tons, ser capaz de visualizar os seus licks ao redor de um acorde em particular ajudará enormemente a sua visão e fluência.

Independente do modo que você escolher para aprender esses licks, observe que há um "conceito" por trás da construção de cada frase. Pode ser um padrão, um salto de intervalo, um ritmo ou um desenho na escala, mas se você conseguir *ouvir* ou *enxergar* o conceito, você estará bem próximo de ser capaz de improvisar sem sequer precisar depender de licks. Eu acredito que esse deve ser um dos nossos objetivos de longo prazo se nós queremos ser realmente espontâneos e expressivos com o nosso instrumento.

Licks na Escala Blues - Desenho 1

A Blues Scale Shape 1

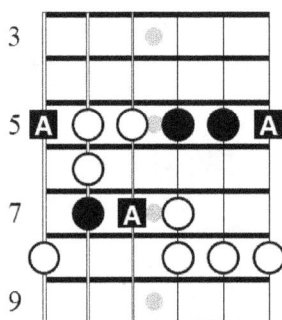

Figura e exemplo de áudio 4a.

Figura e exemplo de áudio 4b.

Figura e exemplo de áudio 4c.

Figura e exemplo de áudio 4d.

Figura e exemplo de áudio 4e.

Licks na Escala Blues - Desenho 2

A Blues Scale Shape 2

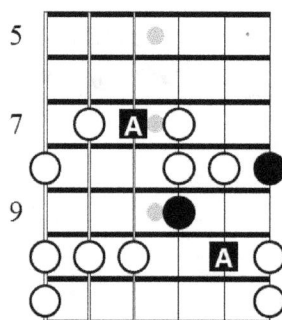

Figura e exemplo de áudio 5a.

Figura e exemplo de áudio 5b.

Figura e exemplo de áudio 5c.

Figura e exemplo de áudio 5d.

Figura e exemplo de áudio 5e.

Licks na Escala Blues - Desenho 3

A Blues Scale Shape 3

Figura e exemplo de áudio 6a.

Figura e exemplo de áudio 6b.

Figura e exemplo de áudio 6c.

Figura e exemplo de áudio 6d.

Figura e exemplo de áudio 6e.

Licks na Escala Blues - Desenho 4

A Blues Scale Shape 4

Figura e exemplo de áudio 7a.

Figura e exemplo de áudio 7b.

Figura e exemplo de áudio 7c.

Figura e exemplo de áudio 7d.

Figura e exemplo de áudio 7e.

Licks na Escala Blues - Desenho 5

A Blues Scale Shape 5

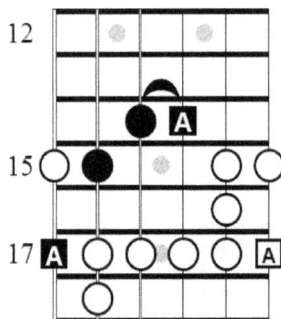

Figura e exemplo de áudio 8a.

Figura e exemplo de áudio 8b.

Figura e exemplo de áudio 8c.

Figura e exemplo de áudio 8d.

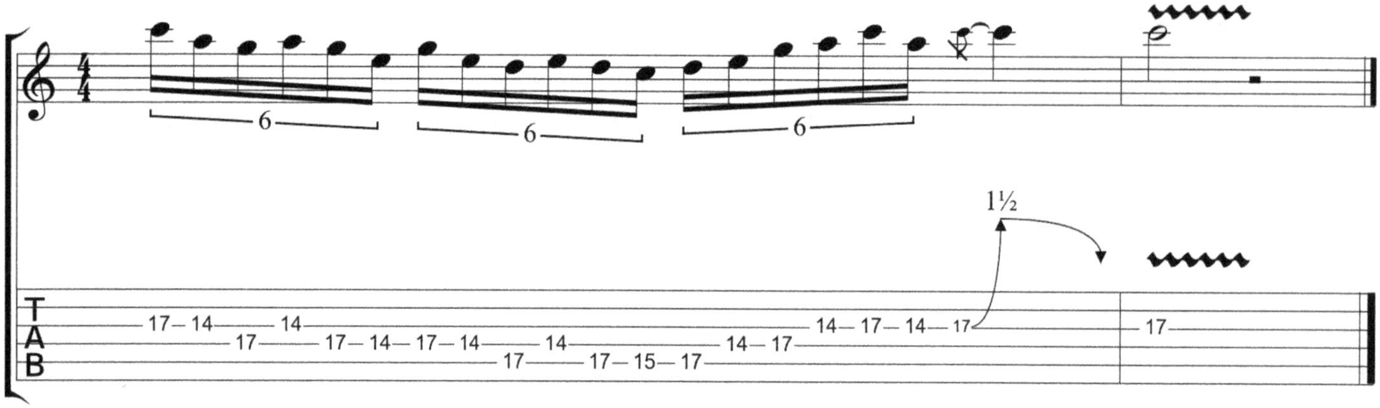

Figura e exemplo de áudio 8e.

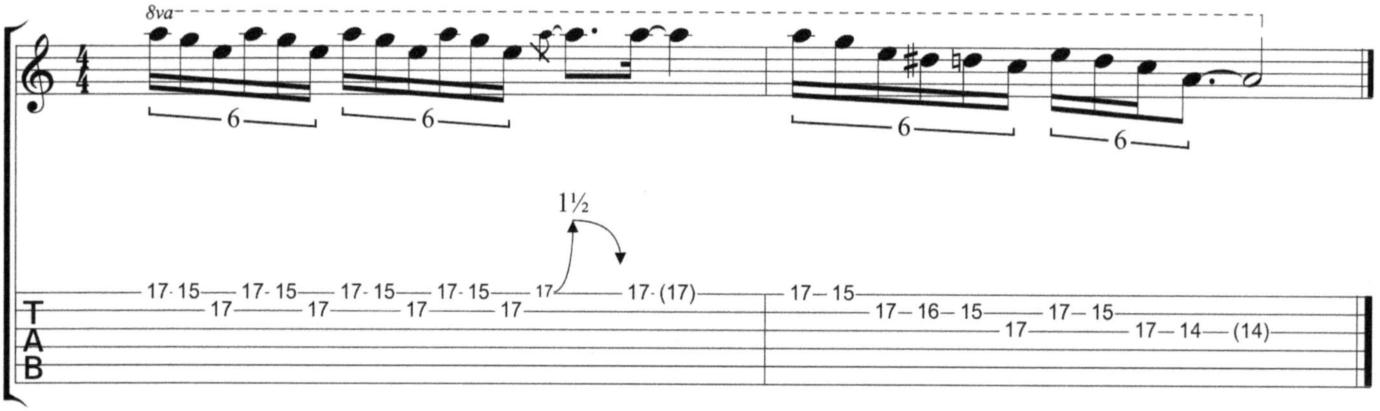

Incorporando Licks Naturalmente

Agora que você começou a explorar os pontos fortes e vantagens de cada uma das 5 posições da Escala Blues, você pode estar se perguntando sobre a melhor forma de incorporar esses licks ao seu vocabulário sem que eles pareçam forçados ou artificiais.

Muitos alunos costumam perguntar se um solo deve ser composto de licks "recitados", ou apenas improvisação espontânea. A minha resposta é: eu acredito que a maioria dos bons solos é uma combinação de ambos. Se nós voltarmos à analogia de como aprendemos a falar, nós "roubamos" o vocabulário dos nossos pais e das pessoas que estão ao nosso redor, antes de torná-lo nosso. Aprender a linguagem da música é parecido. Copiar o vocabulário dos outros antes de tornar esse próprio vocabulário uma coisa única e individual para nós é um passo importante.

Na verdade, você vai perceber que esse é o jeito *mais rápido* de aprender a tocar e melhorar na guitarra. Não há motivo para reinventarmos a roda!

O exercício a seguir irá ensiná-lo a incorporar qualquer frase que você quiser ao seu estilo natural de tocar. Junto da *backing track 9* nós iremos nos concentrar em apenas um lick. Vamos torná-lo parte do nosso vocabulário ao mesmo tempo em que iremos trabalhar as nossas habilidades de improvisação espontânea.

Veja a frase a seguir, extraída do Desenho 1 da Escala Blues de Lá:

Figura e exemplo de áudio 9a.

A ideia é usar o lick para "preparar" a nossa própria frase de resposta. Em outras palavras, enxergue o lick pronto como uma *pergunta*, para a qual você estará dando uma *resposta*. Milhares de excelentes solos de guitarra são estruturados nesse formato de pergunta/resposta, pois ele dá força melódica à música, mantendo o ouvinte engajado.

Comece tocando o lick da forma como está escrito sobre os 2 primeiros compassos... Então, toque qualquer coisa que vier à sua cabeça, de forma a criar uma frase de resposta. Isso pode ser desafiador no começo, mas confie em seus ouvidos e toque ideias simples na Escala Blues. As respostas começarão a aparecer.

Conforme você for desenvolvendo confiança com o exercício anterior, tente mudar a ideia de lugar. Ao invés de usar o lick como *pergunta*, use-o como *resposta*. A sua tarefa agora é preparar o terreno para o lick, com a sua própria improvisação sobre os 2 primeiros compassos. Desta forma:

Figura e exemplo de áudio 9b.

Isso é um pouco mais difícil porque você não terá mais a frase inicial para servir de "largada", mas é um exercício fantástico para desenvolver a força melódica dos seus improvisos. Você é forçado a estar no controle de para onde vai a melodia na preparação para a frase de resposta. Imagine que você é um comediante de improviso com uma ou duas piadas essenciais. Você precisa levar a plateia naturalmente ao começo de cada piada.

Por fim, nós podemos combinar as duas abordagens acima no exercício a seguir, no qual você entra *e* sai do lick.

Figura e exemplo de áudio 9c.

Esse é *o* exercício que realmente ajuda os seus licks a soarem naturais e não artificiais. O seu objetivo é uma transição extremamente suave entre o seu improviso inicial, o lick e a frase de resposta. Se você realmente quer desenvolver a sua habilidade para construir solos de rock na guitarra, esse exercício lhe trará enormes benefícios.

A Escala Blues em 5 Tons em uma Única Posição

Muitas vezes, os solos de rock mudam de tom repentinamente. Ao usar o Sistema CAGED nós podemos executar mudanças de tom (modulações) extremamente suaves, sem que sejamos forçados a pular de uma posição para outra. Isso também é o que você precisa aprender para desenvolver a liberdade de tocar em qualquer tom e em qualquer lugar do braço da guitarra. Esses conceitos são alguns dos mais importantes deste livro.

Esse capítulo lhe ensinará como tocar todos os 5 desenhos da Escala Blues em uma única posição no braço da guitarra. Isso é feito ao tocarmos por 5 tonalidades diferentes: Lá, Dó, Ré, Fá e Sol. A ideia aqui é "travar" a nossa mão na área entre a 5ª e a 8ª casa, tocando uma tonalidade de cada vez.

A primeira coisa que precisamos saber é onde estão as notas *tônicas* para cada um dos 5 tons nessa área. Na área 5-8, as notas tônicas para Lá, Dó, Ré, Fá e Sol estão aqui:

ACDFG Root Notes

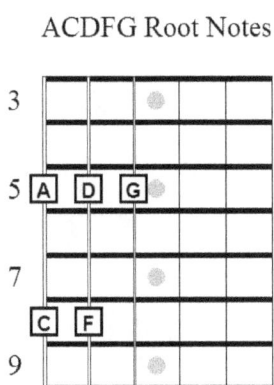

Você pode ver que a nota Fá está localizada na 8ª casa da 5ª corda, e o Sol está na 5ª casa da 4ª corda.

O próximo passo é sincronizar os acordes "âncora" (ou simplesmente a nota tônica) que aprendemos anteriormente com cada nota tônica de cada novo tom naquela posição. Então, na posição 5-8:

Am é tocado com o Desenho 1

Cm é tocado com o Desenho 5

Dm é tocado com o Desenho 4

Fm é tocado com o Desenho 3

E Gm é tocado com o Desenho 2.

A Minor Shape 1   C Minor Shape 5   D Minor Shape 4   F Minor Shape 3

G Minor Shape 2

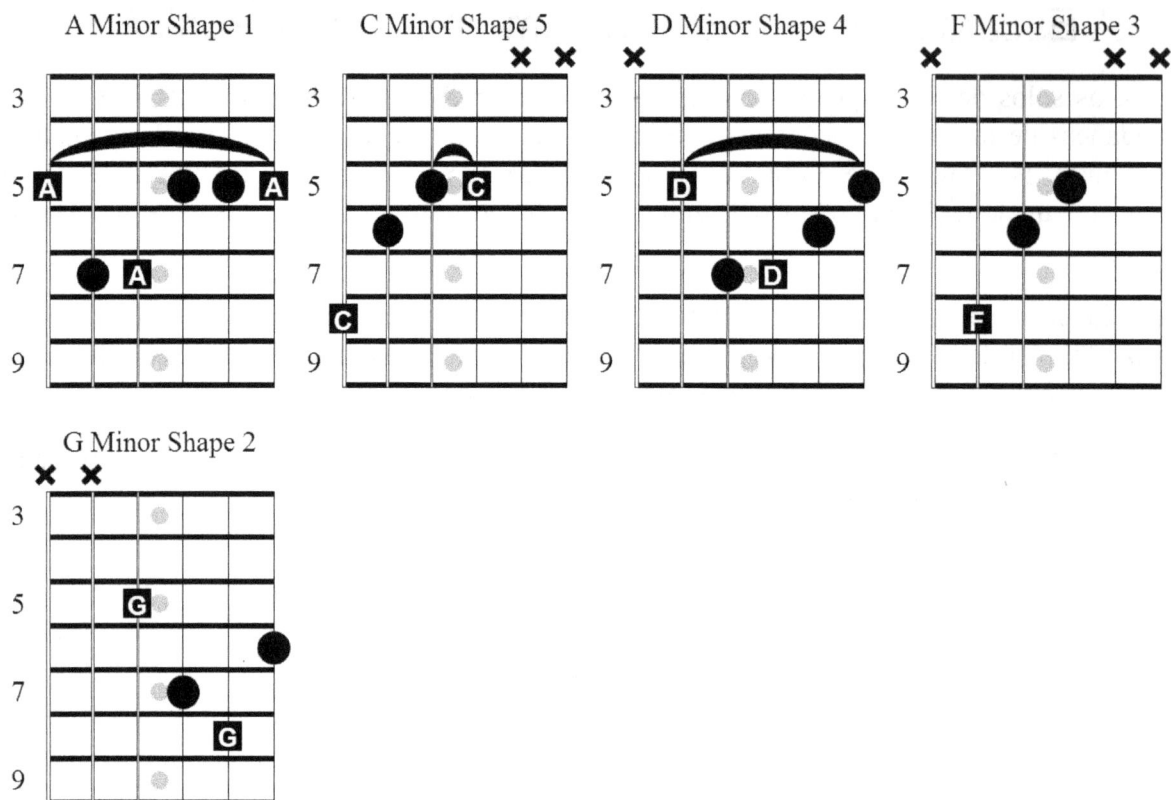

Procure visualizar como cada nota tônica de cada um desses acordes se relaciona com as posições das notas tônicas do primeiro diagrama dessa página.

Como nós passamos algum tempo memorizando cada desenho de escala ao redor de cada desenho de acorde, agora é fácil de enxergar qual desenho de escala corresponde a cada tom, em qualquer posição.

A seguinte série de exercícios irá ajudá-lo a cimentar não apenas a localização das tonalidades, mas também as relações entre acorde e escala.

Esses exercícios abordam os tons de Lá, Dó, Ré, Fá e Sol.

Comece tocando a Escala Blues de Lá, começando com o mesmo acorde de antes:

Figura e exemplo de áudio 10a.

A Minor Blues Scale Shape 1

Lembre-se de *dizer* e tocar o acorde.

Agora repita o processo com os tons restantes (Dó, Ré, Fá e Sol). Ocasionalmente, eu redigito a escala por motivos de facilidade e fluência. Toque aquilo que seja confortável para você.

Figura e exemplo de áudio 10b.

Figura e exemplo de áudio 10c.

Figura e exemplo de áudio 10d.

Figura e exemplo de áudio 10e.

Lembre-se de dizer o nome de cada acorde em voz alta conforme você tocá-lo.

Os exercícios anteriores irão ajudá-lo a internalizar as relações entre acorde e escala; entretanto, o exercício a seguir irá realmente desafiar a sua mente. A ideia é subir e descer por uma escala de cada vez, mas sem lacunas rítmicas. Isso elimina o seu tempo para pensar, forçando-lhe a visualizar as escalas com muito mais rapidez.

Figura e exemplo de áudio 10f.

5 Minor Blues Scales In 1 Position (No Gaps)
A Minor Blues Scale Shape 1

C Minor Blues Scale Shape 5

D Minor Blues Scale Shape 4

F Minor Blues Scale Shape 3

G Minor Blues Scale Shape 2

Esse exercício normalmente leva um pouco mais de tempo para ser internalizado, mas quando você o dominar, você será capaz de tocar qualquer um dos 5 tons instantaneamente na área entre as casas 5 e 8.

Para reforçar ainda mais os desenhos e ajudá-lo a estender esse exercício de visualização, aprenda-o com os desenhos de escala na *descendente*, como mostrado na *figura e exemplo de áudio 10g*.

5 Minor Blues Scales In 1 Position Descending

A Minor Blues Scale Shape 1

C Minor Blues Scale Shape 5

D Minor Blues Scale Shape 4

F Minor Blues Scale Shape 3

G Minor Blues Scale Shape 2

35

Por fim, toque um desenho ascendente, e o seguinte na descendente. Por exemplo: *suba* na Escala Blues de Lá, mas volte *descendo* com a Escala Blues de Dó. Você precisará de 10 ciclos para voltar ao começo, como mostrado na *figura e exemplo de áudio 10h*.

5 Minor Blues Scales In 1 Position Ascend One. Descend The Next

Essas ideias de mudança de tonalidade são extremamente poderosas quando precisamos visualizar e "abrir" o braço da guitarra; entretanto, elas não são, necessariamente, a aplicação mais musical desse conceito. O nosso exercício final viaja pelas 5 tonalidades, mas dessa vez, ao invés de tocar a escala apropriada, você tocará um lick de cada vez baseado em cada desenho de escala; um para Lá, outro para Dó, outro para Ré, etc.

Comece aprendendo esse exercício com os licks que eu escrevi, pois eles são menores e lhe dão tempo para pensar nas mudanças de tom. Quando conseguir tocar esse exercício confortavelmente, pratique-o sobre a *backing track 1. Figura e exemplo de áudio 10i.*

F Minor Lick (Shape 3)

G Minor Lick (Shape 2)

Eu sugiro que você tente o mesmo exercício com frases diferentes: Escolha um lick de cada desenho - um lick que você já memorizou e que você ache fácil de tocar. Repita o exercício anterior com esses novos licks, visualizando-os ao redor de cada acorde âncora conforme você for tocando.

Por fim, tente *improvisar livremente* sobre a mesma backing track, criando licks espontaneamente e trocando de escala a cada 2 compassos. Essa é uma utilização divertida, desafiadora e recompensante do seu tempo com a guitarra.

Dominando Todo o Braço da Guitarra

Os exercícios do capítulo anterior são um pouco exigentes para a maioria das pessoas, mas agora você deve estar começando a perceber com clareza a Escala Blues ao redor do respectivo desenho de acorde. Essa visualização acorde-escala é essencial para "destravarmos" todo o braço da guitarra, como você verá ao logo deste capítulo.

Até agora nós nos concentramos exclusivamente em tocar as 5 tonalidades na área entre as casas 5 e 8. Agora nós aprenderemos como tocar esses mesmos tons em qualquer lugar do braço da guitarra.

Para os fins deste livro, nós dividiremos o braço da guitarra em 5 regiões diferentes.

Da 5ª à 8ª casa,

7ª à 10ª casa,

10ª à 13ª casa,

12ª à 15ª casa, e

3ª à 5ª (ou 15ª à 17ª) casa.

Se estiver claro para nós onde estão as notas tônicas das 5 tonalidades (Lá, Dó, Ré, Fá e Sol) em cada uma dessas posições, será fácil visualizar o acorde âncora no local correto. Aí, teremos acesso imediato à escala.

Por exemplo, veja onde estão essas notas tônicas na área 5-8:

7th-10th Fret Roots

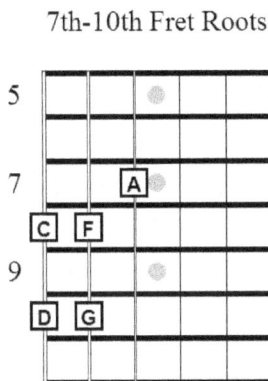

Se a sua mão da escala estiver na área 7-10 e você estiver no tom de Fá, você deverá visualizar o desenho 4 de acorde menor na nota Fá (na 8ª casa da 5ª corda). Assim você conseguirá visualizar, imediatamente, a Escala Blues sendo construída ao redor do acorde, da mesma forma como você praticou no exercício anterior.

F Minor Shape 4   F Blues Shape 4

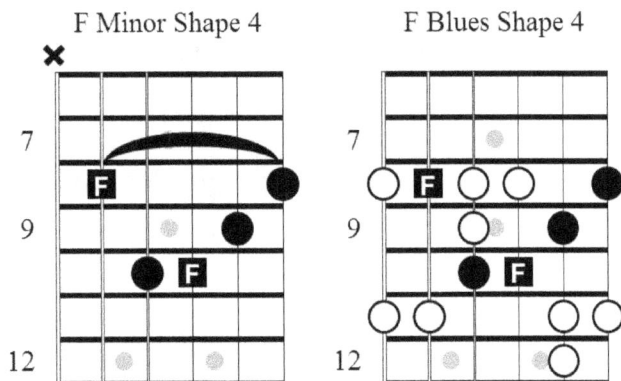

Se você estivesse tocando no tom de Lá nessa posição, você visualizaria o desenho de acorde n° 2.

Quais desenhos você visualizaria para tocar os tons de Ré e Sol na área 7-10?

Ao usar os acordes-âncora dessa forma, nós temos acesso instantâneo às escalas e aos licks que memorizamos ao redor dos desenhos CAGED de acordes. Enquanto nós soubermos onde estão as notas tônicas dos nossos tons, nós conseguiremos tocar as nossas frases em qualquer tom, com grande facilidade.

Para sua referência, aqui vão as posições das notas tônicas em cada uma das posições para os tons de Lá, Dó, Ré, Fá e Sol.

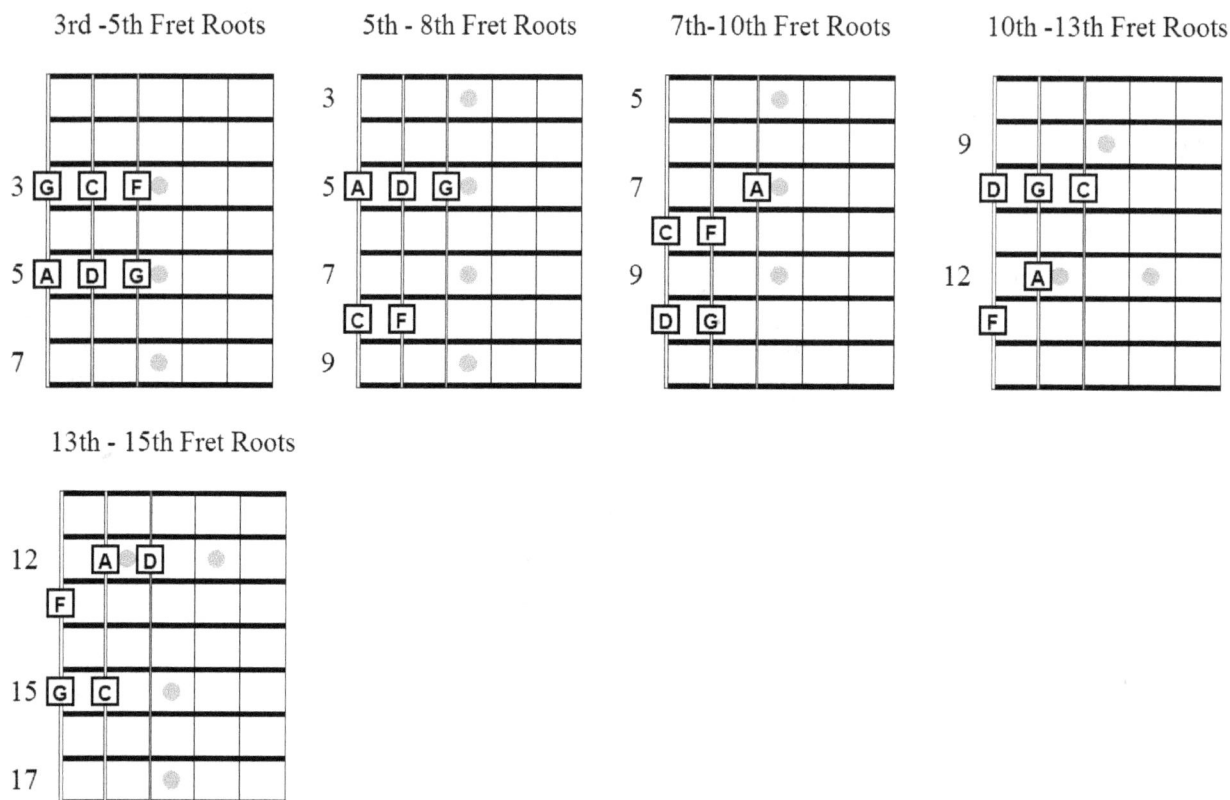

3rd -5th Fret Roots

3 G C F
5 A D G
7

5th - 8th Fret Roots

3
5 A D G
7
C F
9

7th-10th Fret Roots

5
7 A
C F
9
D G

10th -13th Fret Roots

9
D G C
12 A
F

13th - 15th Fret Roots

12 A D
F
15 G C
17

Alguns testes:

Se você estiver tocando na área 12-15 e estiver no tom de Dó, qual desenho de acorde você visualizará para construir a Escala Blues e os licks associados?

Na área 3-5, como você localizaria as notas da Escala Blues de Fá?

Qual desenho de acorde você usaria para construir uma escala para tocar no tom de Dó na 10ª casa?

Se você tocou um lick baseado no desenho 3, na 10ª casa, em qual tom você tocou?

(As respostas estão no rodapé)[1]

_____

[1] 1) 3. 2) Visualizando o desenho n° 2 de acorde menor na 3ª casa. 3) Desenho 2. 4) Sol.

A essa altura, a quantidade de informação pode parecer assustadora, mas na verdade não é. Tudo o que você precisa fazer é aprender onde estão as notas tônicas no braço da guitarra, e você será capaz de, instantaneamente, sobrepor um desenho de acorde para ter acesso às escalas e licks que você aprendeu no capítulo anterior.

Tente tocar o exercício ACDFG na área 7-10 para fixar a informação. Quando eu aprendi isso, eu sempre tinha dificuldade com qualquer tom que fosse baseado na 4ª corda (desenho nº 2). Isso me encorajou a aprender as notas no braço da guitarra de uma forma *muito* mais meticulosa. Agora é um dos meus desenhos favoritos na hora de improvisar.

Na próxima página você verá o exercício ACDFG escrito na área 7-10.

Figura e exemplo de áudio 11a.

Lembre-se de tocar e dizer o nome do acorde em voz alta antes de tocar o respectivo desenho de escala. Quando você tiver desenvolvido confiança aqui, omita o acorde, tocando todos os exercícios do capítulo anterior.

Suba e desça cada desenho por vez.

Desça e então suba.

Toque um desenho subindo e outro descendo - por exemplo, comece subindo com a Escala Blues de Lá e volte descendo pela Escala Blues de Dó.

Toque licks de cada desenho ao invés de usar apenas a escala.

Quando você tiver completado esses exercícios na área 7-10, pratique os 4 exercícios em cada uma das posições remanescentes: *10-13, 12-15* e *3-5*.

F Minor Blues Scale Shape 4

G Minor Blues Scale Shape 3

Dicas para Praticar

O mínimo a ser feito é praticar cada escala de vez, na ascendente e na descendente, em todas as 5 posições, todos os dias. Muito em breve você precisará de menos de 10 minutos para fazer isso, e o resultado será uma grande liberdade para tocar qualquer coisa em qualquer lugar da guitarra.

Misture tudo: no primeiro dia, pratique subir e descer; no segundo, descer e subir. No terceiro, você pode usar licks ao invés de escalas, e no quarto dia você pode experimentar subir em um lick e descer em outro.

Continue trabalhando nos licks para incorporá-los lentamente ao seu vocabulário. Certifique-se de que você consegue perceber cada lick começando em ou ao redor de uma das notas do acorde âncora.

O Modo Eólico

O Modo Eólico é um dos 7 modos da escala maior. Ele também é conhecido como *Escala Menor Natural*. Se estiver interessado na teoria por trás dessa escala, dê uma olhada em outro livro meu, *O Guia Prático de Teoria Musical Moderna para Guitarristas*. Ele oferece um estudo mais aprofundado da teoria, harmonia e improviso no modo maior, estando disponível em uma versão impressa ou digital para tablet e PC.

O modo Eólico é um modo *menor* e tem um som meio obscuro. Ele é usado por um monte de gente, de Bob Dylan ao Metallica. Algumas composições notáveis que utilizam progressões de acordes do modo Eólico são:

Still Got the Blues – Gary Moore

Europa – Carlos Santana

All Along the Watchtower – Bob Dylan

Fear of the Dark – Iron Maiden

Se você estiver lendo em um tablet ou no seu computador, você pode clicar nos links para ouvir essas músicas no YouTube.

O som obscuro e formidável do modo Eólico o torna uma ótima opção para solos pesados de heavy metal. Porém, ele também é uma ótima escolha para um *blues menor*, daqueles típicos do Gary Moore.

O primeiro desenho da escala de Lá Eólico é o da *figura e exemplo de áudio 12a.*

A Aeolian Shape 1

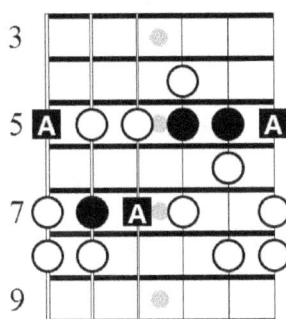

A Aeolian Shape 1

Se você nunca tocou essa escala antes, passe algum tempo se acostumando às suas características. Toque-a sobre uma backing track Eólica (experimente a *backing track 9*). É fundamental que você esteja com o som dessa escala em seus ouvidos antes de usar o Sistema CAGED para levá-la a outras posições. Pode ser uma boa ideia dar um pulo lá na frente deste livro para aprender alguns licks no desenho 1 do modo Eólico.

Aqui vão algumas progressões de acordes que podem ser formadas a partir de Lá Eólico. (Elas foram extraídas do *Guia Prático de Teoria Musical Moderna,* ao qual eu me referi ali em cima).

Am | Dm | Am | Em

Am | FMaj7 | G | Dm

A5 | C5 | F5 | E5 D5 C5

O Sistema CAGED e o Modo Eólico

Agora que você passou algum tempo tocando o modo Eólico em uma posição, é hora de levar essa escala para outras áreas do braço da guitarra, assim como fizemos com a Escala Blues. Antes de qualquer coisa, aprenda os 5 acordes-âncora ao redor dos quais nós visualizaremos os desenhos Eólicos:

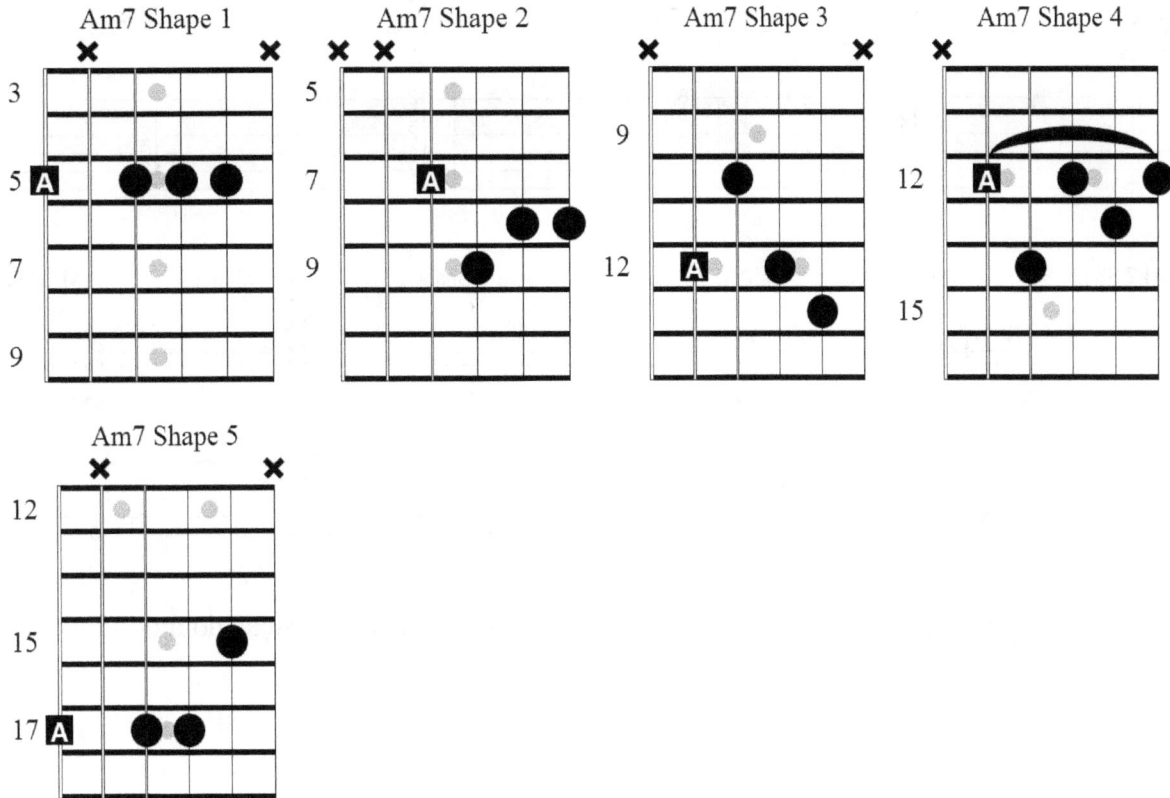

Acordes menores simples (ao invés de menores com sétima) funcionam bem com o modo Eólico, mas nós precisamos diferenciar os acordes âncoras da Escala Blues daqueles da Escala Eólica.

Comece aprendendo os acordes e então toque a *figura e exemplo de áudio 12b.*

Teste suas habilidades com o salto de desenhos, como mostrado na *figura e exemplo de áudio 12c*. Conforme você tocar cada desenho, lembre-se de dizer o nome e a posição em voz alta. Por exemplo: "Lá Menor com Sétima, Desenho 1", ou "Desenho 1 de Lá Menor com Sétima".

Quando você tiver memorizado os 5 acordes âncora, é hora de construir cada posição do modo Eólico ao redor de cada acorde âncora.

Figura e exemplo de áudio 12d.

Figura e exemplo de áudio 12e.

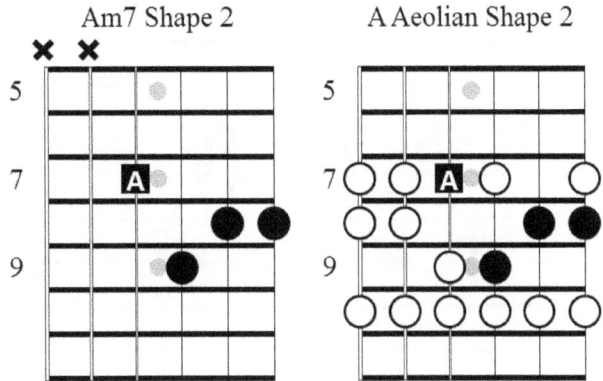

Am7 Shape 2 | A Aeolian Shape 2

A Aeolian Shape 2

```
       8
       8                                                7- 8       10-8-7
       9                                       8- 10             10-8
T      7                              7-9-10                   10-9-7
A                           7-9-10                                  10-9-7
B                  7-8-10                                              10-8-7
         7-8-10                                                           10-8      7
```

Figura e exemplo de áudio 12f.

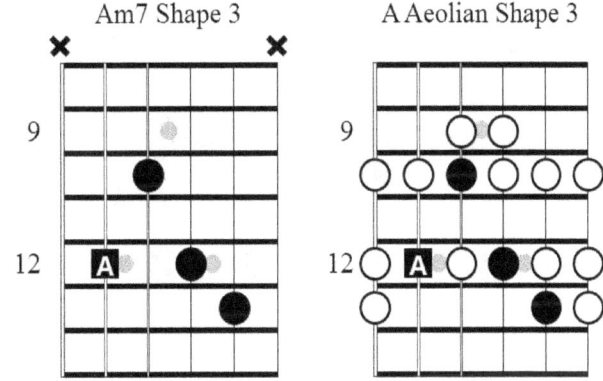

Am7 Shape 3 | A Aeolian Shape 3

A Aeolian Shape 3

```
       13                                               10 12      13 12 10
       12                                      10 12 13           13 12 10
T      10                              9-10 12                    12 10-9
A      12                     9-10 12                                 12 10-9
B                    10 12                                              12 10-8
         10 12 13                                                         12      10
```

Figura e exemplo de áudio 12g.

Am7 Shape 4   A Aeolian Shape 4

A Aeolian Shape 4

Figura e exemplo de áudio 12h.

Am7 Shape 5   A Aeolian Shape 5

A Aeolian Shape 5

Assim como você fez com a Escala Blues, conecte os desenhos verticalmente ao longo do braço da guitarra com este exercício:

Figura e exemplo de áudio 12i.

A Aeolian Ascending The Neck

A Aeolian Shape 1

A Aeolian Shape 2

```
5— 7——————8—10— 8— 7——
5— 6— 8——————————10— 8——————
4— 5— 7——————————10— 9— 7——————
5— 7——————————————10— 9— 7——————
5— 7— 8——————————————————10— 8— 7——
5— 7— 8——————————————————————————10——
```

A Aeolian Shape 3

A Aeolian Shape 4

```
10——————12— 13— 15— 13— 12——————
10— 12— 13——————————————15— 13— 12——
9— 10— 12——————————————14— 12——
9— 10— 12————————————————15— 14— 12——
10— 12——————————————————————15— 14— 12——
8— 10— 12— 13——————————————————————
```

A Aeolian Shape 5

8va- -

```
15— 17— 19——————
15— 17— 18——————
14— 16— 17——————
14— 15— 17——————
14— 15— 17——————
15— 13— 15— 17——————
```

Um ótimo exercício consiste em deixar os seus dedos passearem pela guitarra para ver quantos jeitos diferentes você consegue encontrar para trocar entre 2 posições do modo Eólico. Encontre as conexões em todas as 6 cordas e elas realmente abrirão o braço da guitarra para você. Tente isso em outros tons, também.

Licks de Rock no Modo Eólico em 5 Posições

Como você está começando a pegar o jeito desses desenhos, é hora de começar a aprender um vocabulário baseado em cada posição.

Os capítulos a seguir contêm 25 licks no modo Eólico - 5 licks para cada desenho de escala. Ouça primeiro os exemplos de áudio, e passe algum tempo aprendendo somente o seu lick favorito de cada desenho. É melhor ter um lick em cada posição do que cinco licks em uma posição. Mais uma vez, a ideia é associar cada lick ao acorde âncora que você aprendeu no capítulo anterior. Tudo o que você precisa fazer é visualizar a primeira nota do lick sobre o acorde âncora, e você sempre saberá onde começar esse lick, em qualquer tom que você esteja tocando.

Tente tocar o acorde âncora para então tocar o lick que você está aprendendo, de forma a fixar essa relação acorde-lick.

Uma coisa muito importante a ser observada é que o modo Eólico às vezes é combinado livremente com a escala Pentatônica Menor / Blues. Isso agrega outro nível de profundidade ao fraseado, tornando-o um bocado mais "roqueiro". Os 25 licks a seguir refletem essa característica, e alguns deles incluem notas da Escala Blues.

Licks Eólicos - Desenho 1

A Aeolian Shape 1

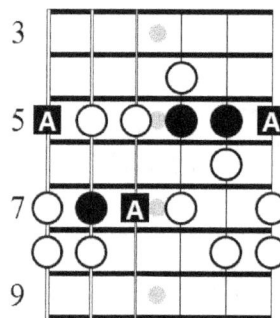

Figura e exemplo de áudio 13a.

Figura e exemplo de áudio 13b.

Figura e exemplo de áudio 13c.

Figura e exemplo de áudio 13d.

Figura e exemplo de áudio 13e.

Licks Eólicos - Desenho 2

A Aeolian Shape 2

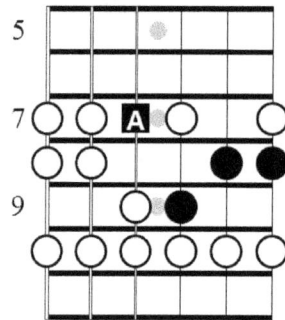

Figura e exemplo de áudio 14a.

Figura e exemplo de áudio 14b.

Figura e exemplo de áudio 14c.

Figura e exemplo de áudio 14d.

Figura e exemplo de áudio 14e.

Licks Eólicos - Desenho 3

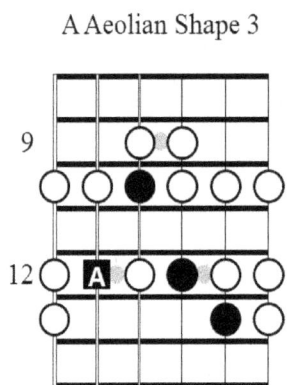

A Aeolian Shape 3

Figura e exemplo de áudio 15a.

Figura e exemplo de áudio 15b.

Figura e exemplo de áudio 15c.

Figura e exemplo de áudio 15d.

Figura e exemplo de áudio 15e.

Licks Eólicos - Desenho 4

A Aeolian Shape 4

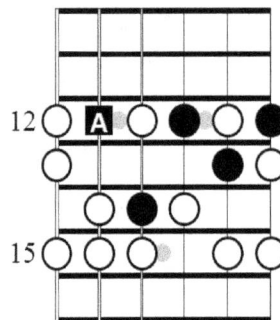

Figura e exemplo de áudio 16a.

Figura e exemplo de áudio 16b.

Figura e exemplo de áudio 16c.

Figura e exemplo de áudio 16d.

Figura e exemplo de áudio 16e.

Licks Eólicos - Desenho 5

A Aeolian Shape 5

Figura e exemplo de áudio 17a.

Figura e exemplo de áudio 17b.

Figura e exemplo de áudio 17c.

Figura e exemplo de áudio 17d.

Figura e exemplo de áudio 17e.

Assim como você fez com os licks de blues, concentre-se primeiro em dominar um lick de cada desenho, de forma a dominar todo o braço. Aprenda primeiro os licks que você mais gostou. Se quiser mudar qualquer coisa neles, faça-o, por favor!

Revisite o capítulo "Incorporando Licks Naturalmente" para ter certeza de que essas frases estão soando orgânicas e suaves.

5 Tons de Modo Eólico em uma Posição

Para conseguir visualizar o modo Eólico em qualquer tom e em qualquer posição da guitarra, é essencial praticar o exercício ACDFG em todas as posições. O conceito é idêntico àquele que nós descobrimos anteriormente com a Escala Blues. Então, se você tiver dificuldades nas páginas a seguir, volte e estude as ideias que nós abordamos na seção "5 Tons em uma Única Posição" do capítulo sobre a Escala Blues (página 30).

Mais uma vez, nós começaremos na área 5-8, tocando os tons de Lá, Dó, Ré, Fá e Sol - agora, com o modo Eólico. Como de costume, comece visualizando o acorde âncora antes de tocar cada desenho de escala. Certifique-se de que os pontos quadrados nos diagramas de escala correspondem às notas tônicas corretas no braço da guitarra.

Pode ser de grande ajuda dizer e tocar o acorde âncora apropriado antes de cada escala.

Figura e exemplo de áudio 18a:

G Aeolian Shape 2

Quando você estiver se familiarizando com esse exercício, tente tocá-lo na descendente, a partir da nota mais alta de cada desenho (não mostrado no exercício). Toque esses exercícios sobre a *backing track 3* e, por fim, pratique um desenho na ascendente e o seguinte na descendente, como na *figura e exemplo de áudio 18b*, com a *backing track 4*.

A Aeolian Shape 1

C Aeolian Shape 5

D Aeolian Shape 4

F Aeolian Shape 3

C Aeolian Shape 5

D Aeolian Shape 4

F Aeolian Shape 3

G Aeolian Shape 2

Agora, ao invés de escalas, use um lick de cada desenho, tocando-o pelos tons de Lá, Dó, Ré, Fá e Sol, sobre a backing track. Certifique-se de que você está trocando de tom/desenho/lick junto com as mudanças da *backing track 3*.

Por fim, assim como você fez com a Escala Blues, transfira esses exercícios para as 4 posições remanescentes da guitarra. Sempre visualize os acordes âncora. Isso irá ajudá-lo a visualizar qual o desenho de escala que você precisará para tocar no tom correto em cada posição. É um trabalho considerável, mas se você praticar isso todos os dias, rapidamente isso estará hospedado no seu subconsciente.

O Modo Mixolídio

Outro modo da Escala Maior bastante utilizado é o modo Mixolídio. Trata-se do 5º modo da Escala Maior. Ele possui um som alegre e blueseiro. Muitas vezes, o modo Mixolídio é utilizado em conjunto com a Escala Blues para dar uma "levantada" aos solos de blues. Ele é encontrado extensivamente nos solos de guitarristas como Stevie Ray Vaughan, Jimi Hendrix, Joe Satriani e praticamente qualquer "ícone" do rock que você conseguir se lembrar.

Algumas canções famosas que utilizam o Mixolídio são:

Sweet Child of Mine – Guns n' Roses

Sweet Home Alabama – Lynyrd Skynyrd

Ramblin' Man – The Allman Brothers Band

Summer Song – Joe Satriani

Freeway Jam – Jeff Beck

Na primeira posição, o modo Mixolídio pode ser tocado assim:

Figura e exemplo de áudio 19a.

A Mixolydian Shape 1

Passe algum tempo aprendendo o desenho nº 1 cuidadosamente, para entender as suas características únicas. Toque-o sobre uma backing track mixolídia (*backing track 11*). Como sempre, é importante *sentir* as características do modo antes de buscar a sua aplicação em todas as posições. Se o modo Mixolídio é novo para você, vá ao final deste capítulo e aprenda alguns licks do desenho 1. Isso irá ajudá-lo a entender a sonoridade desse modo. Tente combiná-lo com a Escala Blues para uma abordagem mais autêntica.

Quando nós estamos solando com o modo Mixolídio, o acorde mais apropriado para você visualizar é o *dominante* ("7"), por ser uma descrição harmônica mais precisa dessa escala.

O Sistema CAGED com o Modo Mixolídio

É melhor visualizar o modo Mixolídio ao redor de acordes dominantes, ou seja, A7, C7, D7, etc. Aqui vão as 5 posições de A7 que você precisa saber:

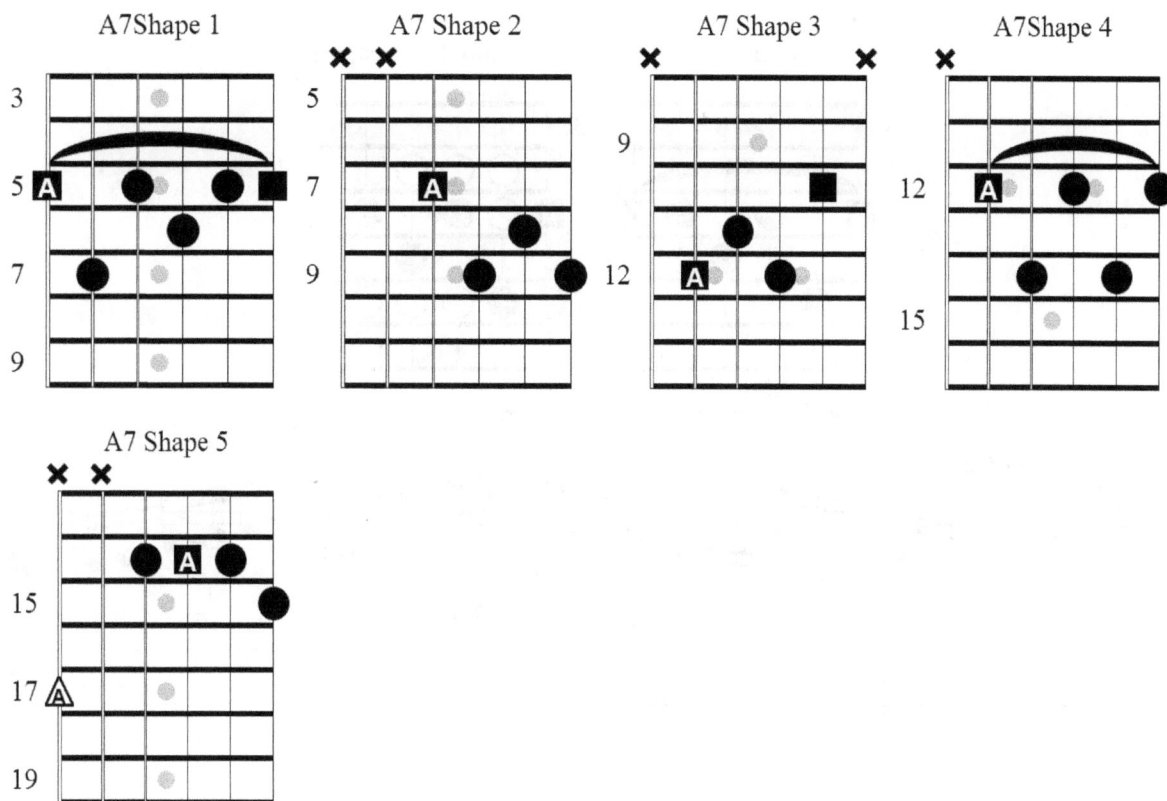

Com o desenho 5, toque apenas as notas das 4 cordas altas. Limite-se a visualizar as notas graves.

Aprenda as posições desses acordes pelo braço da guitarra, tocando-as em sequência.

Figura e exemplo de áudio 19b.

Além disso, toque os desenhos dos acordes como mostrado no exercício de "salto de posições" dos capítulos anteriores. Por exemplo: 1 - 3 - 2 - 4, etc.

Como você irá observar, os desenhos do modo Mixolídio são os mesmos do modo Eólico. Isso intensifica a necessidade de organizar o seu pensamento modal ao redor de acordes âncoras únicos e específicos.

Passe algum tempo memorizado cada posição do modo Mixolídio ao redor dos 5 acordes âncoras de A7.

Figura e exemplo de áudio 19c.

Figura e exemplo de áudio 19d.

Figura e exemplo de áudio 19e.

A7 Shape 3   A Mixolydian Shape 3

Figura e exemplo de áudio 19f.

A Mixolydian Shape 4   A7 Shape 4

Figura e exemplo de áudio 19g.

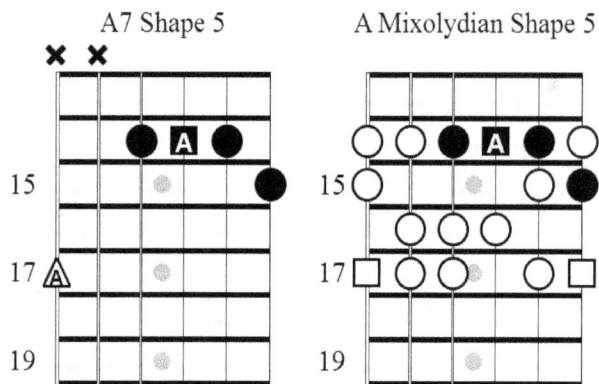

A7 Shape 5   A Mixolydian Shape 5

(Toque o acorde apenas nas 4 cordas altas; limite-se a visualizar as notas graves).

A Mixolydian Shape 5

Por fim, antes de continuar, conecte todos os desenhos ao subir pelo braço da guitarra, como mostrado na *figura e exemplo de áudio 19h.*

A Mixolydian Shape 1   A Mixolydian Shape 2

A Mixolydian Shape 3

A Mixolydian Shape 4

A Mixolydian Shape 5

Licks de Rock no Modo Mixolídio em 5 Posições

Os 25 licks a seguir seguem o mesmo formato dos capítulos anteriores. O modo Mixolídio pode ser combinado livremente com a Escala Blues para uma vibe mais roqueira. Primeiro, ouça os exemplos de áudio para escolher o seu lick preferido de cada posição. Use-os como ponto de partida. Mais uma vez, esses licks foram "projetados" para realçar os pontos fortes de cada desenho. Assim, tente compreender o raciocínio por trás de cada lick, ao invés de se limitar a tocá-lo.

Como sempre, memorize cada lick enquanto visualiza o desenho de acorde associado. Se você conseguir se lembrar onde cada lick começa em relação a cada acorde, você já passou da metade do caminho.

Licks Mixolídios - Desenho 1

A Mixolydian Shape 1

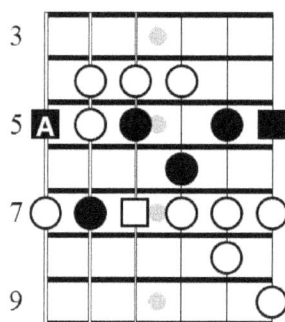

Figura e exemplo de áudio 20a.

Figura e exemplo de áudio 20b.

Figura e exemplo de áudio 20c.

Figura e exemplo de áudio 20d.

Figura e exemplo de áudio 20e.

Licks Mixolídios - Desenho 2

A Mixolydian Shape 2

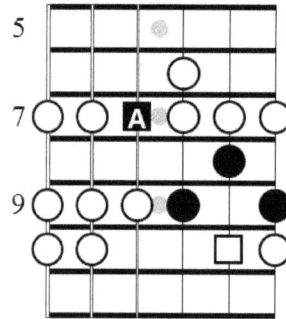

Figura e exemplo de áudio 21a.

Figura e exemplo de áudio 21b.

Figura e exemplo de áudio 21c.

Figura e exemplo de áudio 21d.

Figura e exemplo de áudio 21e.

Licks Mixolídios - Desenho 3

A Mixolydian Shape 3

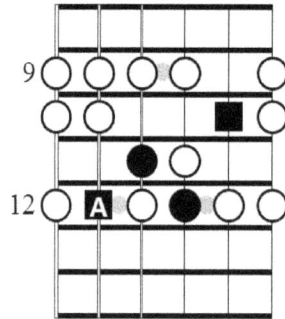

Figura e exemplo de áudio 22a.

Figura e exemplo de áudio 22b.

Figura e exemplo de áudio 22c.

Figura e exemplo de áudio 22d.

Figura e exemplo de áudio 22e.

Licks Mixolídios - Desenho 4

A Mixolydian Shape 4

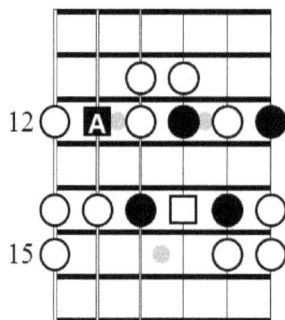

Figura e exemplo de áudio 23a.

Figura e exemplo de áudio 23b.

Figura e exemplo de áudio 23c.

Figura e exemplo de áudio 23d.

Figura e exemplo de áudio 23e.

Licks Mixolídios - Desenho 5

A Mixolydian Shape 5

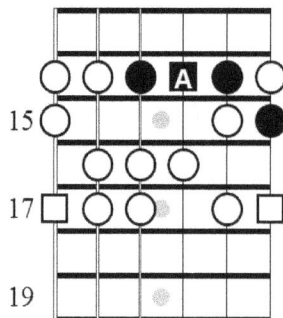

Figura e exemplo de áudio 24a.

Figura e exemplo de áudio 24b.

Figura e exemplo de áudio 24c.

Figura e exemplo de áudio 24d.

Figura e exemplo de áudio 24e.

5 Tons de Modo Mixolídio em uma Posição

Voltando ao processo essencial de internalizar todos os 5 desenhos, de modo a torná-los disponíveis em qualquer tom e posição, nós veremos o exercício ACDFG no modo Mixolídio. Para recapitular, enquanto você souber onde está a nota tônica da escala no braço da guitarra, você pode ir movimentando o acorde âncora dessa escala para qualquer lugar e, assim, visualizar facilmente a escala ao seu redor.

Nós já sabemos as posições das notas Lá, Dó, Ré, Fá e Sol:

ACDFG Root Notes

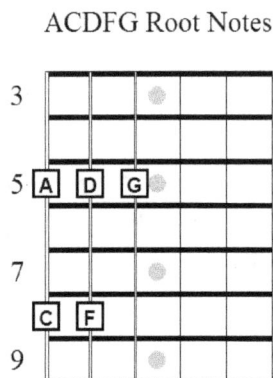

Así que ahora tenemos que ver qué aco

Agora, nós precisamos ver quais acordes âncoras do modo Mixolídio correspondem a cada tonalidade - sem tirar nossa mão da área 5-8.

Lá Mixolídio é tocado com o desenho 1.

Dó Mixolídio é tocado com o desenho 2. (Lembre-se de não tocar as duas cordas graves nesse acorde)

Ré Mixolídio é tocado com o desenho 4.

Fá Mixolídio é tocado com o desenho 3,

e Sol Mixolídio é tocado com o desenho 2.

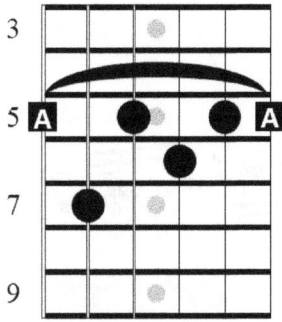

A7 Shape 1

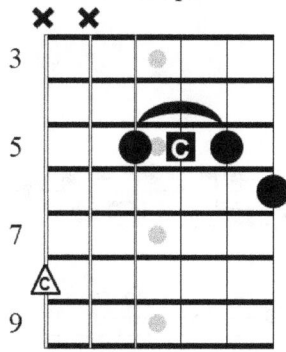

C7 Shape 5

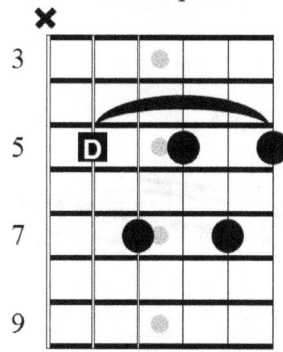

D7 Shape 4

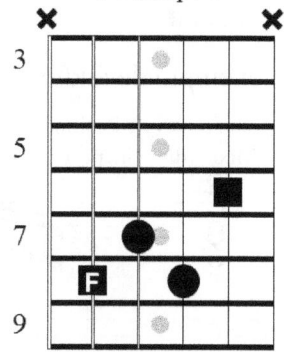

F7 Shape 3

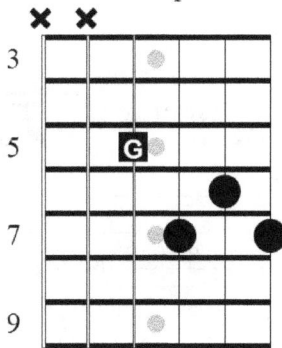

G7 Shape 2

Quando você conseguir enxergar esses desenhos na posição com clareza, você simplesmente precisará tocar uma escala de cada vez para acertar o tom apropriado.

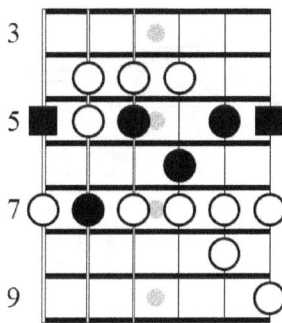

A Mixolydian Shape 1

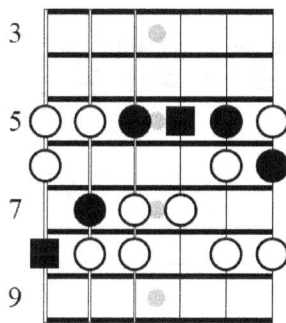

C Mixolydian Shape 5

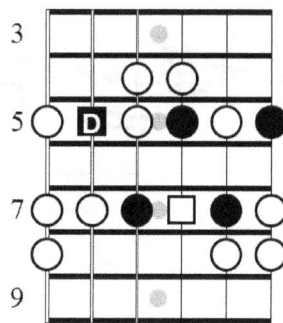

D Mixolydian Shape 4

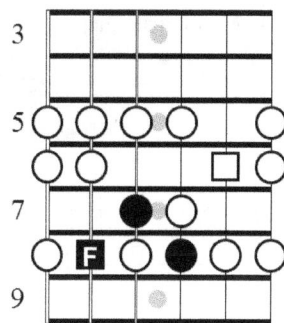

F Mixolydian Shape 3

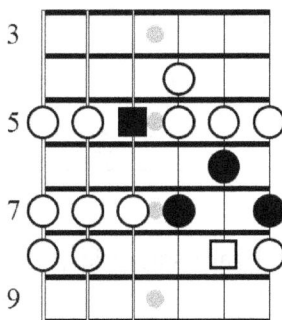

G Mixolydian Shape 2

Como vínhamos fazendo, comece tocando cada acorde antes de tocar uma escala de cada vez, na ascendente e na descendente.

Figura e exemplo de áudio 25a.

Quando se sentir confiante, repita o mesmo exercício, mas limite-se a apenas visualizar os acordes, sem tocá-los. Tente tocar o exercício em sincronia com a *backing track 5*.

Agora desça e suba por um desenho de cada vez. Não tem problema se você sentir a necessidade de continuar tocando os acordes âncora.

Figura e exemplo de áudio 25b.

A Mixolydian 5 Keys, Descend Then Ascend

A Mixolydian Shape 1

C Mixolydian Shape 5

D Mixolydian Shape 4

F Mixolydian Shape 3

G Mixolydian Shape 2

Novamente, primeiro ouça o exemplo de áudio, e tente tocar o exercício junto da *backing track 5*.

Por fim, suba por um desenho e desça por outro, como na *figura e exemplo de áudio 25c*. Você pode tocar esse exercício com a *backing track 6*.

Mixolydian 5 Keys, 1 Position Ascending And Descending

Conforme a sua visualização do braço da guitarra melhorar e você for desenvolvendo mais confiança, toque o seu lick favorito de cada desenho ao invés de simplesmente tocar a escala. Faça isso sobre a *backing track 5*. Se você se sentir confortável com isso, tente improvisar livremente sobre cada mudança de tonalidade. Sem licks; apenas acerte as mudanças.

Agora é essencial que você espalhe esses exercícios por todo o braço da guitarra, nas seguintes posições:

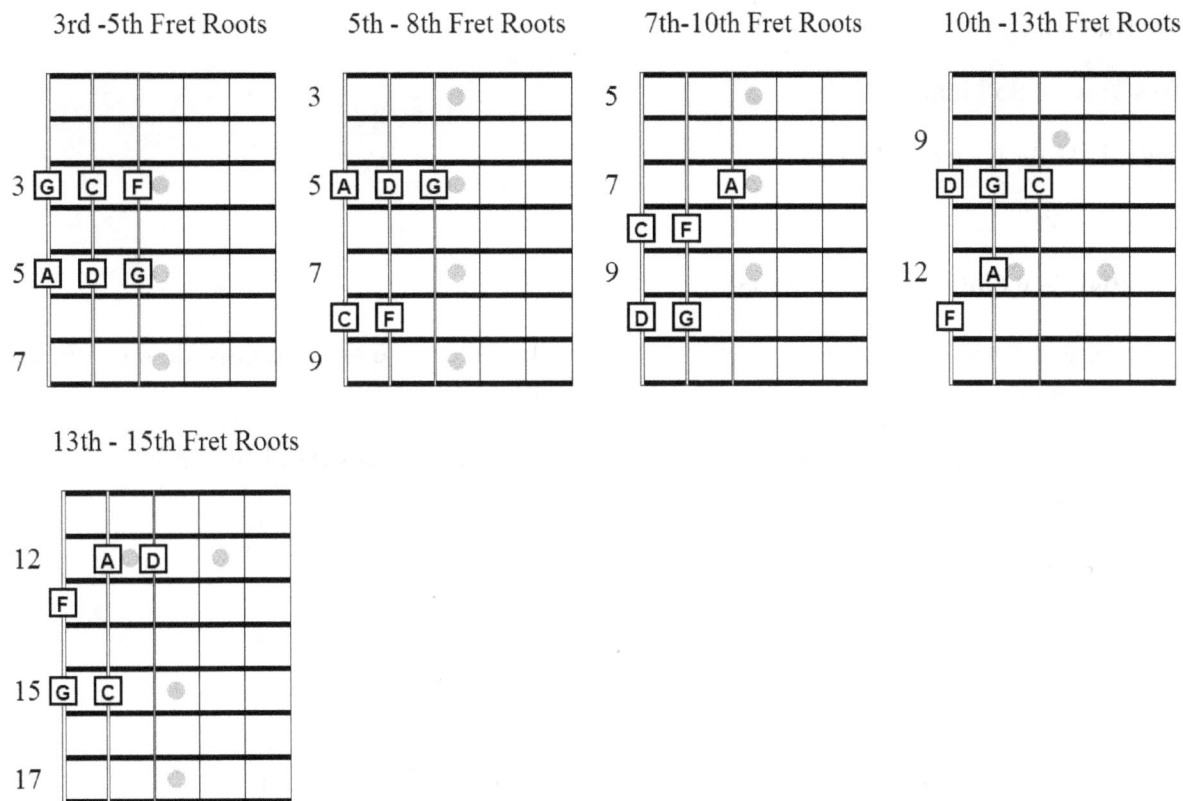

3rd -5th Fret Roots   5th - 8th Fret Roots   7th-10th Fret Roots   10th -13th Fret Roots

13th - 15th Fret Roots

Comece em uma posição que você não conheça bem, como, por exemplo, a área 12-15.

Tente responder estas perguntas:

Qual desenho você deve usar para tocar Lá Mixolídio sem tirar a sua mão dessa região?

Qual desenho você deve usar para tocar Dó Mixolídio?

Quais desenhos você deve usar para tocar Ré, Fá e Sol Mixolídio?[2]

Respostas abaixo.

Agora, toque os mesmos exercícios nessa posição. Não se esqueça de usar licks e improvisação, além das escalas. Nunca perca de vista o seu objetivo: criar música.

---

[2] Respostas: A) 4, B), 3, C/D/E) 2, 1 e 5

O Modo Lídio

O modo Lídio pode ser um dos sons mais bonitos e emotivos na música. Usado e popularizado em composições de diversos músicos, como Frank Zappa, Steve Vai e Foo Fighters, esse modo possui uma sonoridade bem rica, com uma coloração "indiana".

Algumas músicas construídas ao redor do modo Lídio incluem:

Flying in a Blue Dream – Joe Satriani

How I Miss You – Foo Fighters

A introdução de **Hole Hearted** – Extreme

Answers – Steve Vai

Shut up 'n' Play Yer Guitar – Frank Zappa

O modo Lídio é um modo extremamente importante no rock moderno, e seu aprendizado é essencial para os guitarristas promissores.

Em sua primeira posição, o modo Lídio pode ser tocado como mostrado abaixo. Ele normalmente é escutado sobre um **acorde de sétima maior**.

Figura e exemplo de áudio 26a.

A Lydian Shape 1

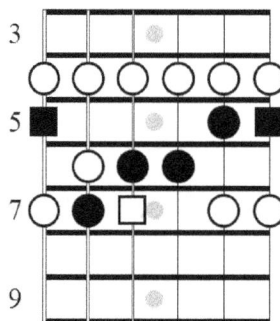

A Lydian Shape 1

Toque essa escala sobre uma backing track lídia (*backing track 10*) para internalizar as suas características únicas. Aprenda-o ao redor do acorde maj7 mostrado acima.

O Sistema CAGED com o Modo Lídio

Mais uma vez, nós aprenderemos o modo Lídio por todo o braço da guitarra, relacionando-o com os desenhos apropriados de acordes. No caso do modo Lídio, usaremos acordes maj7. Aqui vão as 5 posições do acorde Amaj7:

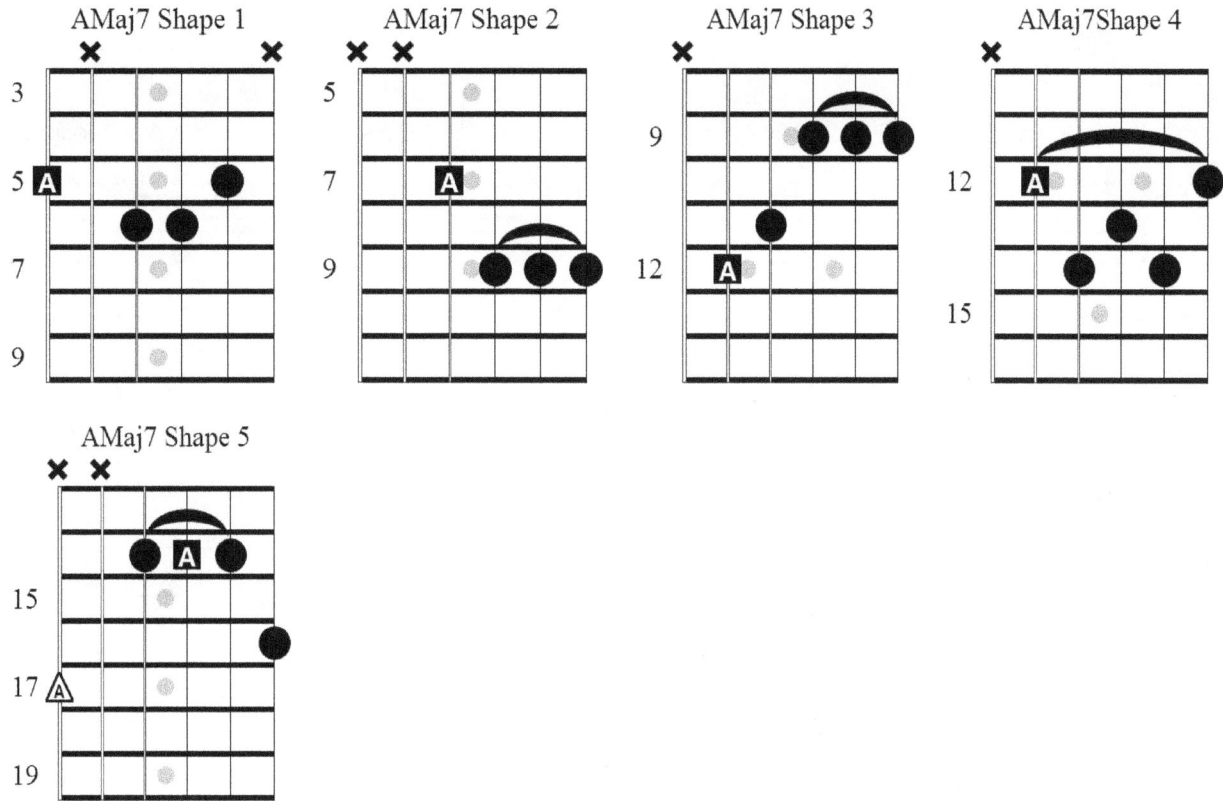

Não toque o baixo do desenho 5, apenas visualize a sua nota tônica na 6ª corda.

Toque os 5 desenhos de Amaj7 em ordem, como mostrado na *figura e exemplo de áudio 26b.*

Figura e exemplo de áudio 26b.

Para se testar, tente saltar os desenhos, como na *figura e exemplo de áudio 26c*.

A Maj 7 Shape 1   A Maj 7 Shape 3   A Maj 7 Shape 2   A Maj 7 Shape 4

A Maj 7 Shape 3   A Maj 7 Shape 5   A Maj 7 Shape 4   A Maj 7 Shape 2

A Maj 7 Shape 3   A Maj 7 Shape 1

Agora que você memorizou os desenhos dos acordes, vamos aprender as 5 posições do modo Lídio em contexto, ao redor desses desenhos. Como de costume, toque e diga o nome do acorde antes de tocar cada escala.

Figura e exemplo de áudio 26d.

AMaj7 Shape 1   A Lydian Shape 1

A Lydian Shape 1

Figura e exemplo de áudio 26e.

AMaj7 Shape 2

A Lydian Shape 2

A Lydian Shape 2

Figura e exemplo de áudio 26f.

AMaj7 Shape 3

A Lydian Shape 3

A Lydian Shape 3
8va

Figura e exemplo de áudio 26g.

AMaj7Shape 4   A Lydian Shape 4

A Lydian Shape 4

Figura e exemplo de áudio 26h.

AMaj7 Shape 5   A Lydian Shape 5

A Lydian Shape 5

Conecte as posições com o exercício da próxima página, que sobe por todos os 5 desenhos ao longo de todo o braço:

Figura e exemplo de áudio 26i.

A Lydian Shape 1 ... A Lydian Shape 2

A Lydian Shape 3 ... A Lydian Shape 4

A Lydian Shape 5

Tente encontrar tantos caminhos quanto possível entre esses desenhos, em todas as 6 cordas.

Licks de Rock no Modo Lídio em 5 Posições

Licks Lídios - Desenho 1

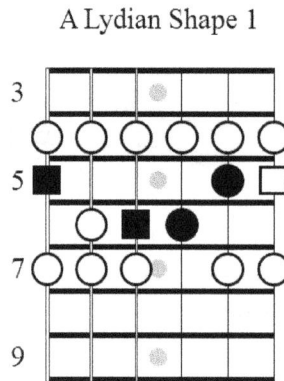

A Lydian Shape 1

Figura e exemplo de áudio 27a.

Figura e exemplo de áudio 27b.

Figura e exemplo de áudio 27c.

Figura e exemplo de áudio 27d.

Figura e exemplo de áudio 27e.

Licks Lídios - Desenho 2

A Lydian Shape 2

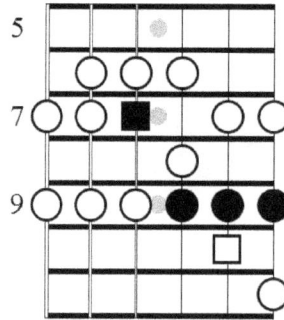

Figura e exemplo de áudio 28a.

Figura e exemplo de áudio 28b.

Figura e exemplo de áudio 28c.

Figura e exemplo de áudio 28d.

Figura e exemplo de áudio 28e.

Licks Lídios - Desenho 3

A Lydian Shape 3

Figura e exemplo de áudio 29a.

Figura e exemplo de áudio 29b.

Figura e exemplo de áudio 29c.

Figura e exemplo de áudio 29d.

Figura e exemplo de áudio 29e.

Licks Lídios - Desenho 4

A Lydian Shape 4

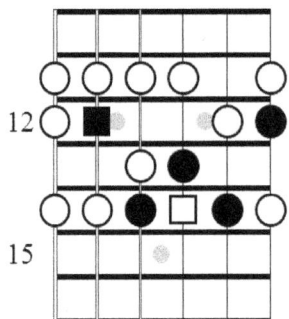

Figura e exemplo de áudio 30a.

Figura e exemplo de áudio 30b.

Figura e exemplo de áudio 30c.

Figura e exemplo de áudio 30d.

Figura e exemplo de áudio 30e.

Licks Lídios - Desenho 5

A Lydian Shape 5

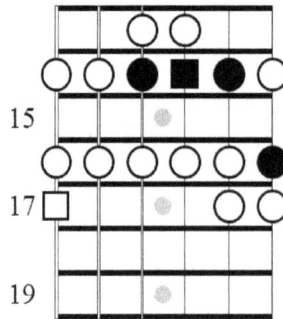

Figura e exemplo de áudio 31a.

Figura e exemplo de áudio 31b.

Figura e exemplo de áudio 31c.

Figura e exemplo de áudio 31d.

Figura e exemplo de áudio 31e.

5 Tons de Modo Lídio em Uma Posição

Para conseguir tocar o modo Lídio em qualquer tom e posição, complete os exercícios a seguir sobre os tons de Lá, Dó, Ré, Fá e Sol, começando na área 5-8 antes de estender para todas as 5 posições do braço da guitarra, como detalhado anteriormente.

Toque todos os acordes âncora de uma posição em ordem: Amaj7, Cmaj7, Dmaj7, Fmaj7 e Gmaj7.

Então, toque as escalas de Lá Lídio, Dó Lídio, Ré Lídio, Fá Lídio e Sol Lídio na área 5-8. Você pode preceder cada escala com o seu acorde âncora, se estiver com dificuldades em visualizar os desenhos corretos.

Figura e exemplo de áudio 32a.

G Lydian Shape 2

Comece devagar, mas trabalhe com o objetivo de conseguir tocar o exercício junto com o áudio de exemplo e sobre a *backing track 7.*Repita o exercício, mas dessa vez desça e suba cada escala; mais uma vez, tente tocar junto com a *backing track 7.*

Tente subir em Lá Lídio e descer em Dó Lídio, como na *figura e exemplo de áudio 32b.* Isso pode ser feito em conjunto com a *backing track 8.*

A Lydian 5 Keys, 1 Position Ascend And Then Descend

A Lydian Shape 1   **C Lydian Shape 5**

D Lydian Shape 4   **F Lydian Shape 3**

G Lydian Shape 2   **A Lydian Shape 1**

C Lydian Shape 5   **D Lydian Shape 4**

F Lydian Shape 3   **G Lydian Shape 2**

```
C Lydian Shape 5                              D Lydian Shape 4
T|-------------------------------5--7---|-7--5--4------------------------|
A|-------------------5--7--8-----------|------7--5-----------------------|
 |--------------4--5--7----------------|------------7--6--4--------------|
B|--------5--7-------------------------|---------------------7--6--4-----|
 |-5--7--8----------------------------|---------------------------7--5--4-|
 |------------------------------------|-----------------------------7--5--|

F Lydian Shape 3                              G Lydian Shape 2
T|-------------------------------5--7---|-9--7--5------------------------|
A|-------------------5--6--8-----------|------8--7--5--------------------|
 |--------------4--5--7----------------|------------7--6--4--------------|
B|--------5--7-------------------------|---------------------7--5--4-----|
 |-5--7--8----------------------------|---------------------------7--5--|
 |------------------------------------|-----------------------------9--7--|
```

Quando tiver desenvolvido confiança com esses exercícios, substitua cada desenho de escala com o seu lick preferido de dois compassos de cada tom, e improvise sobre os 5 tons em uma posição.

Tente improvisar livremente sem usar licks. Certifique-se de que você está "aterrissando" em uma nota forte (uma nota do acorde) sempre que houver uma mudança de tom.

Transfira todas as ideias desse capítulo para todas as outras posições do braço da guitarra.

Conclusões

A essa altura você já está familiarizado com o processo que eu uso para memorizar todas as minhas escalas e licks em qualquer tom e em qualquer lugar da guitarra.

Os quatro passos são:

Aprenda o desenho do acorde âncora que é construído na primeira nota da escala.

Memorize o desenho da escala ao redor do acorde.

Aprenda licks ao redor do desenho do acorde.

Incorpore os licks ao seu vocabulário natural ao envolvê-los nas suas próprias ideias.

Qualquer escala ou modo pode ser dividido em 5 desenhos separados, e cada um deles é construído ao redor de um acorde facilmente reconhecível. Se você conseguir memorizar a escala ao redor desse acorde, você não terá qualquer problema para tocar em tons diferentes, pois você poderá, simplesmente, levar o acorde âncora para outra posição do braço da guitarra.

Você *deve* saber as posições de todas as notas nas três cordas agudas da guitarra. Isso não é tão difícil quanto parece!

O melhor jeito de praticar o uso de qualquer desenho em qualquer posição é tocando os tons de Lá, Dó, Ré, Fá e Sol com a sua mão fixa em um alcance de apenas 3 casas.

Use as backing tracks deste livro, e outras disponíveis na Internet, para ajudá-lo a praticar em diferentes tons. Há centenas disponíveis por aí. A cada vez que você solar, comece o seu solo, deliberadamente, em uma área da guitarra que você não esteja acostumado. Isso irá ajudá-lo a desenvolver a sua percepção visual.

Acima de tudo, ouça! Sempre que puder, grave-se tocando. Isso pode ser difícil no começo, mas ao fazer um avaliação honesta da sua técnica, você melhorará muito rapidamente. O meu melhor conselho é *não ouça qualquer gravação sua por 24 horas*. Isso lhe dará a chance de ser mais objetivo e imparcial. Ser extremamente crítico em relação a uma sessão de treinamento pode deixar você com sentimentos negativos em relação à música. Ao aguardar um dia, você ouvirá tudo novamente com uma cabeça mais calma e com uma mente mais observadora.

Se estiver em dúvida, apenas toque e se divirta!

Joseph

Interaja

Junte-se às mais de 10.000 pessoas que estão recebendo seis aulas gratuitas de guitarra diariamente no Facebook:

www.facebook.com/FundamentalChangesInGuitar

Mantenha-se atualizado no Twitter: